70すぎたら「サメテガル」
「老害」にならない魔法の言葉

樋口裕一
Higuchi Yuichi

小学館新書

まえがき

「まさか、このオレがトシヨリになるとは思わなかった！」

実を言うと、これが多くの年配者の本音なのではないかと、私自身も高齢になってつくづく思う。

青年時代は、40歳をすぎた自分を想像できなかった。「何かしらドラマティックなことが起きて、きっと30代か40代で死ぬだろう」となんとなく思っていた。ドラマティックな死でなくても、ともあれ40すぎまで自分が生きているはずがなかった。ところが、50代、60代をすぎて、老年になってまだおめおめと生きている！

いや、自分が年寄りだという自覚さえ、あまり持っていない。そもそもこれまで年寄りとは接点がなかったので、その付き合い方も知らない。自分も年寄りなのだが、誰とどう付き合っていいかも分からない。

身近に手本となる年寄りがいない。核家族化が進み、壮年の人々の多くは都市に出て親と離れて生きている。だから、年寄りの生き方を見ていない。親の介護という際になって、人によっては親の老いを目の当たりにするが、それでもまだリアルに感じられず、自分が老いて初めて右往左往し始める。

私だけではないだろう。現代では、誰もが「年寄りとして生きることに慣れていない」といえる。一時代前の、日本がまだ農業社会で地域共同体が残っていたころ、年寄りには年寄りの役割があった。寄り合いなどでもそれにふさわしい役割をあてがわれ、それなりのネットワークがあり、年寄りらしく生きていた。年配になるとそのカテゴリーに入り、見よう見まねで〝年寄りの先輩〟にならって役割を引き継いだ。そうこうしているうちに、ちゃんと年寄りになっていった。

ところが現代の高齢者は、自分の老いにどう対応してよいか分からない。年寄りが集まるコミュニティもない。進んでいく老化を不安に思い、社会に不満を持つが、ともに語り合う友もいない。

それどころか、世の中、老化は悪いことだという意識が蔓延《まんえん》している。誰もが若返ろうとし、誰もが老いを遠ざけようとしている。

ますます年配者は孤立して、途方に暮れる。そんな年配者があふれている。まさに「老人初心者」の群れ！

しばしば「老害」が話題になる。顔はぼかされたり、ぼかされなかったりしているが、血相を変えて怒ったり、途方もなく非常識なことをしたりする年配者のニュース映像が流れている。

年寄りであることにいつまでも慣れることができず、年寄りとしてどう振る舞えばいいのか分からずに、孤独の中で苦しんでいるのだと私は思う。プライドを傷つけられ、その意趣返しとして社会に対して挑戦しているのだと思う。彼らの怒り狂う姿は、まさしく喘《あえ》ぎの表現なのだ。

年配者の一人として思う。もっと楽な生き方があるはずだ。もっと心を休め、幸せな気持ちで年配者として生きていく方法があるはずだ。

いまさら社会全体を変えて、昔のような年配者のコミュニティをつくるのは難しい。だが、考え方ひとつで、もっと楽に生きることができ、年配者として健全に生きていけるのではないか。

しばらく前から、私がひそかに口にしている言葉がある。20代のころ、フランス語を学んでいるときにその言葉を知った。ずっと気にかかっていたが、それから長い間、忘れていた。ところが、自分が高齢になってふと気づくと、その言葉を口にしている。まるで念仏のように。

その言葉を唱えると、不思議とストレスを感じない。怒りを覚えることもない。穏やかに、そして気楽に生きていける。

あの「魔法の言葉」は、年配者の生き方、考え方を根本から豊かにする力を秘めているのではないか。私だけではなく、年配になった多くの人にも役立つのではないか。

私が『頭がいい人、悪い人の話し方』（PHP新書）を刊行したのは2004年。20年も前のことだ。その本の前にも後にも、もっとよい本を書いているつもりでいるので、なぜその本が突出して売れたのか私にも全く分からなかったが、翌年、あれよあれよという間に250万部を超す年間ベストセラーになった。読者の方々に感謝するしかなかった。

思うに、あの本はビジネスの世界の中心で生きている壮年の人々に向けて、「もっと賢い話し方をしていきましょう」と呼びかける内容だった。あれから20年たったいま、私の本を読んでくださった方の多くが、私自身と同じように年配者になったか、あるいは差しかかっている。そして、私と同じように「老人初心者」として生活しているのだろう。

高齢になったいま、私は再び、同年代の人々に呼びかけたくなった。だが、いまさら「ともに賢い話し方をしましょう」と呼びかけるつもりはない。「ともに気楽に生きましょう、もっと穏やかな老年を生きましょう」ということだ。

私に効き目のあった、あの「魔法の言葉」を知ってくれれば、多くの方が気楽で穏やかな老年を生きることができると思う。

70すぎたら「サメテガル」

目次

イラスト／ひえじまゆりこ

第1章

「冷めてても手軽」な生き方

出会いはカミュの名作『異邦人』

フランス語に「サメテガル」（Ça m'est égal.）という表現がある。フランス語の発音は「パリ」や「ボンジュール」でさえも日本人には聞き取りにくいのだが、「サメテガル」ははっきり聞き取れる。日本人がカタカナで読んでもフランス人に通じるだろう。

英語に逐語訳するとIt is equal to me.「それは私にとってイコールだ」となる。

私が最初にこの言葉に出会ったのは、アルベール・カミュの名作『異邦人』だった。フランス語を学び始めたばかりの私は、この大好きな小説をフランス語で読もうとして原書を購入し、それこそ1ページに20回も30回も辞書を引きながら読み進めた。そして、この言葉にぶつかった（『異邦人』では間接話法が多用されているために、この表現も半過去形だったが）。

「それは私にとってégal」とはどういう意味だ？　と悩んだ。

先述した通りégalは英語のequalにあたり、また「自由・平等・友愛」(Liberté, Égalité, Fraternité）というときの「平等」を意味する。

つまり「それは私にとって平等である」。辞書であれこれ調べて、「私にとって、どっちでもいい」「私にとって、どうでもいい」といったニュアンスであることを知った。『異邦人』の主人公・ムルソーはさまざまなことに投げやりな態度を示し、たびたび「サメテガル」と考え、口にし、そうして殺人を起こしてしまうのだが、私は「フランス語のこの不思議な響きの言葉は、なんと含蓄《がんちく》が深いのだろう！」と思ったのだった。

この言葉は小説や映画にしばしば登場するだけでなく、フランス人の日常生活でもよく使われている。

自分にとってさほど関心のない内容だったり、判断がつかなかったりする事柄について質問される。そんなときの答えに、この表現が使われる。ムルソーのように投げやりな気持ちを表すこともあるが、必ずしもそうとは限らない。

西欧人とりわけフランス人は、「白か黒か」を迫ってくるようなところがある。どう答えていいか口籠《くちご》もっていても、しつこく質問してくる。フランス人の書く文章も曖昧さを許さず、論理的に詰めてくる。だが、何もかも白黒はっきりつけられるものではない。

そんなときに「どちらにしても、たいして差はないんじゃないの？」という雰囲気で

「サメテガル」が用いられる。ほとんどの場合、柔らかい口調で言う。すると「どっちでもいいよ」という軽い表現になる。

フランス人はさまざまな場面、さまざまな表情で、この俗語的な表現を使ってコミュニケーションを進めている。

小論文との相性の悪さ

いま私は70代だ。まだいくつか仕事はしているが、セミリタイアの状態にある。ほぼ毎日が日曜日で、収入は10年前の3分の1程度になった。社会的あるいは組織的責任を伴うような行動はほとんどとっておらず、基本的には家で仕事をし、メールや電話で外部と連絡を取る。外出するにしても都内にクラシック音楽のコンサートに出かけるくらいだ。

私も現役でバリバリ活動していた時期は、フランス人ほどではないにせよ決断を迫られることがたびたびあった。意見を求められ、何かしら正解らしき答えを語らなくてはならない場面も多かった。

私は40年以上前から、大学受験の小論文をはじめ、さまざまな文章指導を予備校や大学、通信添削塾で行ってきた。そこでは「論じるということは、イエスかノーかを明確にすることだ。だから、小論文の基本はイエス・ノーを定めてその根拠を示すことだ」と教えてきた。

もちろん「論文」である以上、いまもそう考えている。何かを論じるとき、うやむやにしてはならない。はっきりと自分の立場を示し、反対意見を潰して自説の根拠を説明することが求められる。それが「論理的に思考する」ということであり、「論じる」ということだ。課題で小論文を出題されたときには、そう書いてこそ合格レベルの小論文になる。

ただし、それはあくまで論文や討論の話でしかない。現実の生活で何かを問われたり、判断を求められたりする場面では、「場合によるのだから、何とも言えない」「イエスともノーとも言い難い」「知識が不十分なので、私には判断がつかない」「そもそも、そんなことに俺は関心がない」ということが多かった。

セミリタイアしたいまになって考えてみると、これまで生きてきた中でのほとんどの出来事は「どっちでもいい」、まさに「サメテガル」と言いたくなる場面だったのだ。

「どっちでもいい」の3分類

サメテガルという表現が用いられるときには、3つのケースがあるといえそうだ。

第一は、ある事柄について「どっちでもいい」と答える状況だ。誰かが何かを提案する。自分で何かを思いつく。あるいは「何かが起こった」と知らされるような場面もあるだろう。そんなとき「どっちでもいい」と考える。その事柄が起ころうと起こるまいと、自分にとって大した違いはない――というパターンだ。

少し補足しつつ日本語に訳せば、「そうであろうと、そうでなかろうと、どちらでもいい」となる。

第二は、二者択一を考える状況、つまりAかBかの選択だ。そのときも「AでもBでもどっちでもいい」と考えるときに、「サメテガル」という表現が使われる。たとえば「映画に行く？ それともレストランに行く？」「アルコールにする？ それともソフトドリンクにする？」と聞かれた際に、「どっちでもいい」と答える場面だ。

補足して日本語に訳すと、「その2つのうち、どっちでもいい」となる。

第三は、多数の選択肢がある場合だ。「何食べる？　お好み焼き？　うどん？　ハンバーガー？　ピザ？　ケバブ？」と問われた際に、「どれでもいい」と答えるケースだ。補足して日本語に訳せば、「それらのうちのどれだろうと同じことだ。どれでもいい」となる。

このように「サメテガル」はさまざまな場面で使われるのだが、いずれも白黒をはっきりさせて一つを選択することを拒否したうえで、選択できなかったり、自分にとって選択が無意味であったりすることを示す。

「そうであるかもしれないし、そうでないかもしれない。そのうちのどれかかもしれないし、そうでないかもしれない。とにかくどれでも自分にとってたいして違わない」が基本的なサメテガルの考え方だ。

もちろん年配者であっても、さまざまな決断を求められることはある。その決断に基づいて行動する必要もあるだろう。その際に「サメテガル」の思考を持っていれば、その決断や行動が全面的に正しいこと、よいこと、やるべきこととは思わない。「よいかもしれない、そうでないかもしれない。どちらでもよいことだ」と考える。あるいはそう考える余地を残しておく。

誰かが何かを強く主張しても、「その通りかもしれないし、そうではないかもしれない。どちらでもいいことだ」という姿勢になる。白黒決めてまっすぐに決断し、実行して疑わない――とはならないのだ。

年をとるほど白黒つける必要はなくなる

社会の第一線で活動しているうちはイエス・ノーを鮮明にする、白黒をつける場面が多い。態度を決めて、その方向に踏み出す。場合によっては、他者にそれを説得する。反対する人がいたら、議論して、結論を出す。そうしないと物事が進まないからだ。

現役世代の人には、まだ長い未来がある。何にでも「どっちでもいいよ」と言ってやり過ごすわけにはいかない。選択できなかったり先送りしたりすれば、将来、大きな損失や大きな不幸に見舞われるリスクがある。自分の不利益で済むならいいが、家族や組織を巻き込んでしまう恐れもある。いい加減な態度で生きていくわけにはいかない。

社会で生き抜くには主張しなければならない。自分の意見を通さなければならない。アピールしなければならない。競争に負けるわけにはいかない。子どもを育てなければならない。家庭を維持しなければならない。義務がたくさんある。それらをこなすには、自ら何かを決定しなければならない。立場を決めて決断しなければならない。場合によっては派閥に組み入れられて、別の派閥と敵対して行動しなければならない。

しかし高齢になれば、「選択しなければ将来が危ぶまれる」といったことはほとんどなくなるはずだ。

もちろん、高齢ではあっても仕事や大きな責任を抱えている人は、イエス・ノーの決断を優先しなければならない。家族の安全や組織の利益を優先する必要もある。だが、そうした人を除けば、実はたいていの事柄は「どっちでもいい」ことのように思う。

明日どこに行こうと、何を着ようと、何を食べようと、大した違いはない。「どちらでもいい」と考えた結果、少しばかり不愉快な目に遭うかもしれないが、だからといってこだわって積極的に選んでいれば正解だった、とは限らない。

いまさら競争することもなく、強硬に主張することもない。もはや派閥に属する必要なんてあるはずもない。万一あったとしたら、派閥に縛られるような場所からとっとと逃げ出すほうがいいだろう。

どちらを選んだところで、大きな差はない。これまではほんのちょっとしたことを大袈裟《おおげさ》に考え、生死を分けるかのように錯覚して主張したり、夢中になったりしてきたが、年配者になれば人生そのものが保留状態。毎日毎日の選択や決断によって、人生が大きく更新されていくわけではない。

一線から退いたということ、それは「イエスかノーか」「白か黒か」の選択をしなくてもよくなった、ということだ。少なくとも、明確な決断を迫られる場面が圧倒的に少なくなったことは間違いないだろう。

それでも白黒つけたがる年配者

高齢になって、鬱《うつ》になり、脱力してしまう人がいる。脱力ならまだしも、悪質なクレーマーとなって周囲に迷惑をかけてしまう人もいる。「老害」と評される年配者がいかに多いことか。役所やお店で大声で怒鳴る年配者、公的機関に電話をかけて長々と説教したり、政治的な意見を一方的に力説したりする年配者が後を絶たないという。

テレビやネットニュースなどで知るだけではない。私と同世代の何人か、あるいは年上の友人には、まるでよいことをしたかのように「役所に電話して、1時間くらいかけて熊の殺処分がどんなにひどいことかを説明してやった」と話す人もいた（私は「それはクレーマーですよ。度がすぎれば逮捕されるかもしれません」と注意するのだが、伝わったかどうか疑わしい）。

そんな年配者たちは、社会の第一線で活動していた時期の価値観を引きずっている人が多い印象だ。昔の癖が抜けず、誰かと競争したくなり、アピールしたくなり、人に命令したくなり、「こうあるべきだ」と言いたくなる。そして誰かの言いなりになるのを拒み、自分にかつてのような発言力や行動力がないのを情けなく思い、その怒りを社会にぶつける――そんな人たちだ。「サメテガル」な生き方を知らないのだ。

いまこそ、サメテガルの思考を年配者は身につければいいのに、と思う。そうすれば平穏で、大きな怒りを覚えずに過ごしていけるのではないか。老害をさらすのはほどほどにして、自分でもそこそこ満足して生きていけるのではないか。

『異邦人』のムルソーが口にする「サメテガル」には、「もうどうでもいいや」というような厭世的な雰囲気もある。「おれの知ったことじゃない」といった、自分や自分を取り巻く社会への無関心もある。やがて殺人を犯すことによって、ムルソーは「サメテガル」を口癖にしていた自分を反省する。「サメテガル」という言葉は本来、必ずしも好ましい言葉ではない。

だが、この言葉を前向きにとらえてはどうだろう。

社会に背を向けて拒否するのではなく、「どれでもいい」「どっちでも同じだ」を積極的に考える。「どれもいい」「どれを選んでもよい」と考える。さまざまな事柄に対して肯定的に「サメテガル」を心掛けることこそ、年配者の穏やかな生き方だと思うのだ。

少し周囲から我が身を離し、シャカリキにならず、決めつけるのでなく、「そうかもしれないし、そうでないかもしれない。どちらでもいい」と考えてみる。あるいは、もっと進んで、「どれでもいい。どれも同じことだ」と考えてみる。冷静になって社会を眺め、渦の中からではなく、外側から物事を考えてみる。そんな生き方を「サメテガル」の言葉から感じ取ってはどうだろうか。

ともあれ、「サメテガル」とつぶやいてみる。そうすると、ぐっと人生が楽になるだろう。依怙地《いこじ》になっていた自分から逃れられ、さまざまな事柄から距離を置ける。心が解放されるのではないか。

「冷めてやがる」＝「熱くならない」

サメテガルは「熱くならない思考」といえよう。「どっちでもいい」と考えれば、ムキにならない。「こうに決まっている！」と他の意見を排除したり、拒絶したりすることもない。心の中で、あるいは小声で「サメテガル」とつぶやけば、熱くなりかけている自分をクールダウンさせられる。

私が「サメテガル」について話したところ、その語感からある知人は日本語の「冷めてやがる」を連想すると語った。駄洒落《だじゃれ》のように聞こえるが、まさに的確だ。実際、「サメテガル」にはそんなニュアンスが含まれる。熱くならず、冷めて周囲を見る。無理をせず、ほどほどに考える――そんな雰囲気が「サメテガル」という言葉には漂っている。

もう一人、私が話すと、「冷めて手軽？」と聞き返した人がいた。これも的確だと思う。このフランス語は日本語と実に相性がいい。まさに、熱くならずに周囲を見て、手軽に行動するのが「サメテガル」の思考だ。

何か強く思い詰めていても、ふと「どっちでもいい」と考えた途端に、その思いは冷めていくだろう。最初に抱いた考えは絶対的なものではなくなり、別の考えと同等の「どちらでもいい」ものになる。冷静になり、客観的になって物事を眺められる。思い詰めて突き進むのは周りの誰かに任せておけばいい。自分はそこから離れて穏やかに過ごす。

何かのために熱心に活動することはなるべく避ける。徹夜して頑張ったりもしない。手軽にできることに手を出す。基本的に「どちらでもいい」と思っているのだから、それほど気合いを入れたりはしない。

他者に何か誘われても、基本的に「どっちでもいい」と考える。そのうえで場合によっては賛同してもいい。誘った人からすると、「お前、冷めてるなぁ」と物足りなく思うかもしれない。ともあれそのように考えて行動すれば、たいていの人と面倒にならず、ほどほど良好な関係を結ぶことができるだろう。

だからといって、頑張っている人や熱い思いを抱いている人を否定するわけではない。

世の中にはいつまでも積極的に活動しようという年配者がいる。サメテガルを心掛ける人は、そのような「熱い人たち」に仲間入りしようとは思わないが、同時にそのような人を否定もせず、「どっちでもいい」と思う。もちろん「サメテガル」を周囲に強要することもない。

「どちらかというと、どちらでもいい」――小論文としては間違いなく不合格だが、私はそう思って行動している。

シャンソンの名曲にも「サメテガル」

ところが「どっちでもいい」という思考は、実はあまり評判がよくない。

親しい人とレストランに行く、イベントに行く、映画を観る。そんなとき、「何にする?」と聞かれて、「どっちでもいい」「なんでもいい」と答えていると、優柔不断なヤツとみなされることがある。最悪なのは「どっちでもいい」と言ったにもかかわらず、後になって「別のほうがよかった」と言い出すパターンで、そうなると軽蔑の対象になりかねない。

社会に参加してバリバリと仕事をしている時期であれば、「どちらでもいい」という態度は「決断力の欠如」と評価される。年配者であっても、人生の極めて大事な局面で自ら決定できないのは問題があるだろう。自分の死後の財産の処分などについて、何も決めずに遺された家族に丸投げすると、家族は困ってしまうだろう。

しかし「何を食べるか」「どの映画を観るか」といった事柄について、「どちらでもいい」と答えるのは決して非難されることではないと思う。最終的な決定権を相手に譲り、ゆるやかに話し合って決めていこうという意思表明だからだ。

その態度が非難されやすい背景には、「男は女をリードするべきだ」という昭和的な考えもあるかもしれない。「どっちでもいい」と口にして不興を買うのはもっぱら男性が多いように思う。女性がそのように答えたら、かつては「おしとやか」と好意的に思われたのではないか。だが時代は移り、男性が女性をリードすべきだという桎梏《しっこく》が外れたいまとなっては、男女関係なく決定権を譲り合って、話し合いで適当な結論を探る「先進的な行為」になるだろう。

「サメテガル」という態度であれば、自分の考えを人に押しつけず、独りよがりにならず、相手を尊重しながら生きていける。

伝説のシャンソン歌手、エディット・ピアフの歌に「Non, je ne regrette rien」がある。そのまま訳せば「いいえ、私は何も悔やんでいない」。ちなみに日本では「水に流して」というタイトルで知られている。有名な曲なのでご存じの方も多いかもしれない（ただし原題や歌詞の内容は日本語題名とかなり異なる）。

冒頭は次のように歌われ、このフレーズは何度か繰り返される。


Non! Rien de rien Non! Je ne regrette rien Ni le bien qu'on m'a fait Ni le mal tout ça m'est bien égal!

〈いいえ！ まるで何も いいえ！ 私は何も悔やんではいない 私がされたよいことも悪いこともみんなどちらでもいいこと！〉（筆者訳）

英語のwellに相当する副詞bien＝ビヤン（日本でもよく知られている「トレ・ビヤン」は、英語のvery wellにあたる）で強調されているが、この曲にも「ça m'est égal.＝サメテガル」が使われている。この歌を聴きながら、私はしみじみとこう思う。

〝私自身の人生にもいろいろあった。幸せをもたらされたこと、有頂天にさせてもらったこともたくさんある。逆に、ひどい目に遭わされたと思ったこともある。怒ったこと、悲しんだこと、恨んだこと、憎んだこともある。そのようなよいこと、悪いこともいまとなってはどちらでもいいことだ。両方が私の大事な体験であり、いまの私という人間をつくってくれた〟

「よいこと」「悪いこと」という分け方さえも、どちらでもいいだろう。善でもなく悪でもなく、「すべての行動はサメテガル」という歌なのだ。ピアフの歌う人生観こそ、「サメテガル」の境地を端的に示している。

つぶやくだけで「満ち足りた隠居生活」

私が子どもだったころは、世間を引退したら郊外に構えた小さな住居で、小さな家族だけを守って静かに穏やかに暮らす——というのが、多くの人にとっての理想であり憧れだったと思う。社会とのつながりは必要不可欠なだけにして、穏やかに、楽しく生きる。多くの日本人がそのようなささやかな「理想の老後」を描いていた。

ところが、いまでは「いつまでも現役でいたい」「定年後も働き続けたい」と考え、生涯現役を求める人が増えてきた。いつまでも頑張り続けようとする人が増えてきた。

社会福祉制度への不安や物価高といった経済的な要因も大きいのだろうが、隠居の夢を持たないのはあまりにつらい人生だと私は感じる。もちろん働くのはいい。私も生き甲斐を持つ程度に仕事をしていくばくかのお金は稼ぎたいし、死ぬまで何らかの社会的な貢献はしたい。ただし、周囲に振り回されたくはないし、余計な力を入れたくない。マイペースを守り、自分の嫌なことはできるだけ避けて生きていきたい。

そうはいっても隠居部屋をつくるのはなかなか難しい。住み慣れた家を離れるのも億劫《おっくう》だし、お金もかかる。

では、どうするか。

「サメテガル」を心掛けるだけでいいのではないか。そうすれば心の中だけでも隠居状態になれる。かつて多くの人が憧れていた「隠居」と精神的に似たところがある。

何かあったら心の中で「サメテガル」とつぶやき、他者に何か言われても心の中で「サメテガル」と答える。わざわざ人里離れた場所に居を移す必要はない。座禅を組んだり写経をしたり、修行めいたことをする必要もない。無理して何かのトレーニングをする必要もない。ただ「サメテガル」とつぶやく。それだけでいい。

「サメテガル」という言葉は、実は限りなく豊かな思想を秘めている。次章からは、具体的なエピソードを踏まえながら、その秘密を解き明かしていきたい。

第2章

サメテガルから縁遠い年配者

「老害」と呼ばれる人の行動と環境

老害が話題になっている。老害とまでは言わないまでも、年配者の奇態な行動がSNS上で話のタネになっていたりする。私に言わせれば、そのほとんどは、「サメテガル」の気持ちを少しだけ持ってさえいれば防げた行動ばかりだ。

年配者は「寄る年波」という現実を目の当たりにしている。簡単に「サメテガル」とは言えないような状況もある。そのような状況にいるからこそ、年配者は平和な気持ちではいられず、過剰に自己主張したり、時に社会に反発心を抱いたりして、しばしば老害と呼ばれる行動をとる。年配者のそうした状況を理解しておく必要がある。

本章では、「サメテガル」とは縁遠い年配者と、彼らを取り巻く状況を描いていく。そのうえでこの世の中に、サメテガルを思い浮かべれば避けることのできる年配者の行動も描いていきたい。自らの老いを認識し、進んでいく老いを受け入れていくにしたがって、それぞれの局面でどのような行動に出てしまっているのか。サメテガルの思考を知らないばかりに、悲劇を招いてしまっていることを伝えたい。

年を重ねると、あらゆることが思いどおりにいかなくなる。すでに重い病気を経験した年配者も多いだろう。いままさに持病を抱えている人もいるだろう。病気ひとつないという幸せな人でも、若いころとはいろいろ違ってくる。

まず、体力がなくなる。すぐに疲れる。集中力が続かない。少し前まで難なくこなせたことができなくなる。電車に乗ろうとして駅まで2、300メートルほど早歩きしただけで、ずっと動悸が治まらない。検診を受ければ、あれこれ再検査を指示される。関節が痛くなったり、体のあちこちに痛みが走ったりするのは日常茶飯事だ。

それどころか、ドアを開けようとノブに手を伸ばしたら、目測を誤って空振りする。一度ならまだしも、二度も三度もだ。階段を踏み外しそうにもなる。そうしたことが続いて、「これはまずい」と認識する。

体力以上に知力の衰えを感じる人も多い。スラスラ読めていた本を読むのがつらくなる。目が悪くなって文字がかすんで見えるだけではなく、本の内容が理解できなくなる。

人の名前を忘れるのは当たり前。「除夜の鐘」「成人の日」など、年に一時期だけ頻繁に使われる言葉は当然のこと、「塀」「窓」「ホース」などという日常的な一般名詞さえも言葉が出なくなってしまう。ついには「握る」「渡す」といった、ありきたりの動詞さえも言葉が思い浮かばない……。

ネットで何かを調べるためにスマホを操作しようとするが、検索画面が出てきたときには、何を検索するつもりだったか思い出せない。たまに起こるのではなく、ほとんど毎回だ。忘れる前に手書きのメモをしておこうとしたが、これまたメモ帳を取り出したときには、何を調べようとしたか忘れている……。

それが一度に襲いかかるのではなく、長い時間をかけて徐々に訪れるから、衰えをなかなか自覚できない。周囲の同世代の人間を「なんてどん臭いんだ」と見下しているのに、「俺だけはしゃんとして歩いている」と思い込んでいる。ところがある日突然、ガラスに映った自分の姿に愕然とする。「老けた顔で、みっともない姿勢でヨタヨタ歩いているジイさんがいる」と思ったら、それが自分だったからだ。

社会的評価が下がることへの恐怖

自分自身の衰えは、まだ我慢できる。深刻なのは、社会からの扱いが悪くなることだ。そもそも肩書がない。収入も減って、経済的余裕がない。年金もあてにならない。そして周囲からの扱いが目立って悪くなる。

若い人も交えた何人かのグループで意見交換している際、自分の意見をしっかり語っているのに、誰も耳を傾けてくれないし、フォローもしてくれない。少し前までは、真っ先に意見を聞かれたし、そうでなくても自分が話すと周囲も頷《うなず》いてくれた。ところがいまでは喋ってもスルーされ、まるでその場にいなかったかのように話が進んでいく。

役所の窓口に並んでいると、後ろから「おいジイさん、割り込むなよ。みんな並んでるんだ。マナーも知らないのか」という声が聞こえてくる。初めは「迷惑なヤツがいるな」と他人事《ひとごと》に思っているが、しばらくして注意されているのが自分だと気づく。他の人が並んでいることに気づかなかっただけなのに、この言われよう。少し前までは、そんな扱いは受けなかったのに。そもそも列に気づかないなどということもなかったはずだ……。

バスに乗り込んだものの足腰が弱っているのでスタスタと歩けない。やっとの思いで辿り着いて座ろうとするが、その間バスは出発できずに停車したまま。そんなとき「遅れるじゃねえか」という声が聞こえてくる。口に出さないまでも、「チッ」という舌打ちが聞こえてきたりする。

そうした目に一度か二度遭うだけで、トラウマになる。それからは誰もそんな様子は見せていないのに、「もしかしたら不快に思われているのでは」「誰かが舌打ちしているのでは」と不安な気分になってくる。自分が社会ののけ者になっているらしい、どうも自分は年寄りだということで差別されている……とだんだん気づいてくる。

そもそも年を重ねること自体、悪ではないはずだ。だったらヨタヨタしてたっていいじゃないかと開き直ればいいのだが、そうは思えない。いや、認めたくない。やはり老いに抗《あらが》いたくなる。

衰えない煩悩、膨れあがるプライド

人間は仙人のように枯れていくと思われている。年配者自身も「きっと、俺もそのうち枯れるだろう」と思っている。しかし、なかなか枯れない。70をすぎても、おそらくは80をすぎても、人間は煩悩《ぼんのう》にあふれている。

大病をすれば、一時的に煩悩どころではなくなるだろう。だが回復して活力が蘇ってくると、煩悩もまたふつふつと沸き上がってくる。生きるということと煩悩を持つということは、同意義だとつくづく思う。

中学や高校の同級生と会うと、いまでも50年以上前と同じようなくだらない会話をして、ここに書けないような卑猥《ひわい》な言葉も飛び出す。卑猥な話だけではない。まだまだもう一花咲かせたいと思っている者も多い。いい思いをしている同世代に嫉妬する。現在の生き方や生活を褒められると嬉しくなり、けなされると腹が立つ。ある意味で純粋で単純。頭の中だけは中学生のころとほとんど変わりない。

さすがに自分の能力の限界も分かっているので、いまさら無謀なことをしないで自制できている人が多い、というだけの話だ。中学生のころと同じように冒険を「したい」とは思っているが、残念ながら現在の体力や能力によって「できない」ので、諦めているのだ。

厄介なことに年配者も、中学生と変わらないプライドと恥じらいを持っている。いや、中学時代ではなく、「人生で最もプライドが高かった時期」から変わらないといっていい。だが、年配者は思い通りにならずに自分を情けなく思い、それを恥じる。そして高いままのプライドはいたく傷つく。いまさら体力や能力は伸びないのだから、相対的にプライドばかり肥大化している。

要介護になった年配者は、下半身をむき出しにされて下の世話をされても気にしないと思われがちだが、それは大間違いだ。私の両親の様子を見るに、若い人と変わらずに激しい羞恥心《しゅうち》を抱いているようだった。私はまだそのような状況には至っていないが、下半身にかかわる検査を受けたり、手術を受けたりしたときには、やはり昔と変わらぬ恥じらいを覚えたものだ。

若々しい肌だったころも恥ずかしかったのだろうが、いまや体のあちこちにシミができ、全体がたるんでいる。そんな姿を見られたくないという羞恥心も覚える。若いころに体を鍛えていた人や、周囲から美男・美女と持て囃《はや》された人であれば、なおさらだろう。

私の母も老人施設でグループワークをするとき、しりとりなどの得意なレクリエーションには喜んで参加したのに、病のために指先の自由が利かなくなっていたので塗り絵や楽器演奏は渋った。できない自分を嘆き、できる人への羨望と嫉妬を隠さなかった。足腰が弱り、要介護状態が進んで、幼児ほどにしか活動できなくなっても、大人としてのプライドは持っている。

サメテガルの意識で、「年寄りになればこんなものだ。私だけじゃない」「恥ずかしいかどうかなんて、どちらでもいいことだ」と思えれば済むのだが、なかなかその境地には達しない。煩悩は抑えきれず、プライドは捨てきれない。

「精神的な視野」も狭まる

高齢になると視野が狭くなる。情報番組などでもしばしば特集されているが、横断歩道を渡るときに横から近づいてくる自動車が目に入らないことも多いらしい。ただし徐々に進行するので、なかなか自分ではそれに気づかない。

私の父が80代だったころの話だ。父は91歳で亡くなるまで深刻な認知症になることもなく、耳が遠くなることもなく、目も割と衰えなかった。日常生活的には実に矍鑠《かくしゃく》としていた年配者だ。

そんな父が大分から東京に遊びに来て、私と一緒に都内の私鉄に乗った。座席が空いていたので父だけ座ったが、父の隣に座っていた人がどうも挙動不審だった。異様に身動きし、体を揺さぶりながら手足をバタバタ動かす。たまに大声で独り言を叫ぶ。乗り合わせていた乗客たちは遠巻きにその挙動を窺い、目が合わないように、絡まれないようにと気をつけている様子だ。当然、私は隣に座ってしまった父も対応に困っているものと心配になった。

ところが電車を降りてから聞いてみると、父は隣の人の挙動に全く気づいていなかった。眠っていたわけでも、本を読んでいたわけでもない。それなのに「へぇ、そうだったの」という反応だったのだ。周囲の大半が注視しているのに、自分だけ気づいていない。年配者の場合、そんな状況は日常的に発生しているのだろう。

問題なのは、「精神的あるいは心理的な視野」が狭まることだ。誰かと交流していても、相手の気持ちが理解できなくなる。ニュースを見て、新しいことが起こっているのに、それを受け入れられなくなる。認知症というほどではなく単なる無関心が原因かもしれないが、いずれにしても新しい事象を受け入れにくくなる。「思考や記憶の視界」に情報が入ってこないのだ。

やはり本人はそれにほとんど気づかない。かつての80パーセントくらいの視野に狭まっているのに、自身はいまでも100パーセントのままだと思い込んでいる。

衰えを自覚しないのだから、本人にとっては幸せかもしれないが、実は危険このうえない。実際は見えていないのに、「自分はすべて見えている」と思い込んでいると、視界の外にある危険を察知することも、回避することもできないからだ。「見えている」と信じている限り、「はっきり見えても見えなくても、どっちでもいい」と考える余裕は生まれない。

「自分だけが若い」という勘違い

「サメテガル」の境地から縁遠い方向に向かって生きようとする年配者。彼らがまず感じるのは、「抵抗」の意識だ。

老いという現実を素直に受け入れられない。だから、現実を認めずに済む方法を模索して抗おうとする。しかし、無理が生じてトラブルを招く――年配者の行動は、そのような悪循環でとらえることができる。

いまや70代、あるいは80代前半でも、そこそこスマホやパソコンを使いこなす。若者ほど詳しいわけではないにせよ、自分の必要とする範囲で不自由しないほどには活用している。体力や知力の衰えは自覚しつつも、「現代社会に通用しないほどではない」とも思っている。

そうしたこともあって、実年齢より若いつもりでいる年配者が多い。同世代と思って話していた相手が実は自分より10歳くらい下だったとか、テレビニュースに映し出された自分と同い年の容疑者の容姿があまりに老けていて愕然としたとかは、多くの年配者が経験しているだろう。

私にもこんな体験がある。電車の優先席近くに立っていたら、座っていた女性に席を譲られた。それはいい。ショックだったのは、その女性が私よりずっと年上に見えたことだ。だが、その女性も「自分がずっと年下だ」と思って譲ろうとしたのだろう。

自分はそれほど年寄りとは思っていない。それなのに社会からは「年寄り扱い」されるので、「この俺を年寄り扱いするつもりか！」と心外な気持ちになる。そうしたことが年配者には日常的に起こっている。

役所やお店で制度や商品の説明を聞くが、何とも分かりにくい。制度が複雑だったり、デジタルの基礎知識が乏しかったりが原因だったりするが、そもそも担当者の説明が下手だということもしばしばある。だから年配者も聞き返すことになる。すると今度はさっきの3倍くらいの声の大きさ、2倍ほどのゆっくりのテンポで噛んで含めるように全く同じ内容を繰り返される。

そうされたら、「バカにするな」と怒りたくなるのも当然だ。「俺は耳も頭もしっかりしているし、お前よりはるかに人生経験がある。お前の説明が下手であやふやだから、確認するために質問してやってるんだ」と言いたくなる。

普段は自分の経歴を持ち出して偉そうにすることを自制している年配者でも、「俺を誰だと思ってる。現役時代は大きな企業の部長まで務めたんだ」といったような言葉が出てきそうになる。いや、我慢しきれず口にしてしまう人もいる。

とはいえ、「俺は部長だったんだぞ」という言葉はさすがにみっともない。そこで「私にそんな言い方をしていいと思っているのか?」「他の人にもそんな言い方をしているのか?」などと、嫌味になってくる。

そんなタイプの年配者は、電車で席を譲られたりすると、心の中でむっとするだけでは済まず、怒りを口に出しがちだ。「どこに目をつけてるの。人の年齢くらい見分けなさいよ」などと言ってしまう。自分を大きく見せようとするために、相手をバカにするのだからタチが悪い。

言われた側としては、時には「席を譲らないなんて非常識だ」と批判され、時にはこのように「年寄り扱いして失礼な」と言われるのだから、どうすればよいか分からなくなるだろう。その結果、知らんぷりをして年配者から遠ざかる。「年配者に席を譲らない風潮」はそうして広がっているのではないか。

年配者が陥る「年寄り差別」

いつまでも若くありたい、いつまでも若く見られたい――その気持ちはよく分かる。しかし、それがエスカレートして「年寄り扱いされるのを嫌う」のは不健全だと思う。なぜなら、自分が年配者になったにもかかわらず、年寄りの言動を嫌悪し、「年寄り差別」をしているからだ。

先に書いたように、「自分だけ10歳くらい若い」と思い込んでいる年配者は多いので、同世代の年配者の行動が「ヨタヨタしている」「年寄り臭くて嫌だ」などと見えてしまう。裏を返せば「周囲からは自分が思っている以上に高齢に見られている」ということだが、なぜかその想像には至らない。だから、「自分が嫌いな高齢者」として扱われると腹立たしさを覚える。

年寄り扱いされたからといって、何を怒ることがあろう。そう見えようとそうでなかろうとどちらでもいいではないか――そんなサメテガルの発想になれないのだ。

そもそも、「自分が年寄りなのに年寄りを嫌う」ところが問題だと私は思う。

若さがすべて、若いことは美しい、若さを失うのは人生を失うに等しい――そう考えているから、年配者が醜く見えてくる。そして、その一員に見られたことに激怒する。

若さが美しいとは限らない、若さがよいとは限らない、どちらでもいいことだ。ワインや美術品のように、熟しているほうが、年を重ねているほうが価値が高いという面もあるではないか。自分がすでに年配者であることに慣れて、そうした感性を徐々に身につけていけばいいのではないか。

年寄り扱いを極端に嫌う人が、「若作り」に突き進むのは必然といえる。

ひと回りもふた回りも若い世代のファッションを取り入れる。髪を染めたり、肌を保ったり、装飾品に凝ったりと気を遣う。歩き方、座り方、言葉遣いを真似る。ついには考え方やライフスタイルまで染まろうとして、若者が出入りする場所に足を運び、若者に人気の動画を視聴する。

そうした年配者は、「年寄り臭い」と言われるのを何より恐れ、「若いですねえ」と言われるとことのほか喜ぶ。若く見られることが生き甲斐になっているのだ。実は「若いですねえ」は往々にして褒め言葉ではなく、皮肉や冷笑、呆れも含まれているのだが、このタイプはそれに気づかない。

彼らは「年寄り扱いされて怒る人」よりも一歩先を進んでいる。自分が年寄り扱いされても仕方ないことに気づき、それを避けるために若作りし、老いを食い止めようと努力する。

ただし残念ながら、老いは確実に進行する。若作りは「最終的に負けると分かっている戦い」でもあるのだ。それを分からずに戦争を始めてしまうと、だんだんと暴走し、撤退も退却もできずに泥沼に嵌《は》まっていく。

服装は質素なのに、髪だけは派手な色に染めている年配者をときどき見かける。きっと、髪を染めると気合いが入るのだろう。若返った気になるのだろう。エネルギーが湧いてくるのだろう。

もっとも、自分と同世代の人と行動している限りはあまり迷惑にはならない。仲間から「あの人は目立つのが好きだから」と言われるくらいで、本人もそれを自覚しているからだ。どんなグループにもそういう人はいるし、そのグループを明るくしてくれる存在にもなる。

だが、自分よりも若い人たちのグループに入っていって、若ぶった行動をしている場合は少々厄介だ。

若い人たちとのコミュニケーションを本当に楽しんでいるのならいい。そうであれば、周囲の人も同じように楽しんでいるだろう。あるいは、若い人たちと行動をともにする中で、人生の先輩としての役割を果たしているのならいい。ところが「若く見られること」を至上の喜びとする人は、若い人と一緒になってはしゃぎ、若い人と同じように喜ぶことを自分に課しているようだ。どうしても無理が生じる。

流行りのタレントがみんなに話題になっていると、顔も名前も分からないが、ともあれ頷いて分かったふりをする。後でネット検索しようとしても、そのころには名前を思い出せない。そんなことの繰り返しだ。本人は自分より若いグループに入って行動していることに達成感を覚えているのだろうが、そのグループでは「ノリが違って扱いにくい人」と煙たがられているかもしれない。

本末転倒になりがちな〝健康信仰〟

若作りを求めると、外見だけではなく身体機能も若々しくいたいと思うようになるのも必然だ。年配者の多くは健康年齢を延ばし、死ぬなら「ピンピンコロリ」が理想だと考えている。とくに親の介護を経験してその大変さを知った人は、なおさらそうした思いを強くするだろう。

だから年配者の多くが、健康に気を遣う。それ自体はとても好ましいことだと私も思うが、ここでも行きすぎ、やりすぎの年配者が現れる。口にする食べ物に気を配り、運動して体力を維持しようとしているうちに、皮肉にも健康を害している人もいる。

多くの年配者が視聴する昼間の地上波やＢＳ放送では、「健康にいい」を謳《うた》うＣＭばかりだ。これらの中には経口摂取しても効果がないと科学的に証明されているものや、そもそも効果のエビデンスがないものも交じっているというが、私の周りでも多くの年配者が健康食品やサプリを購入して、熱心に摂取している。

ＣＭでは〝素人さん〟らしき年配者が登場して、「これを摂るようにしてから健康になりました」「飲み始めてから、かすんでいた新聞の文字がよく見えるようになった」と口をそろえて言う。もちろんテレビ画面の隅っこには、「これは個人の感想です」というお決まりの表示が出ているのだが。

ブルーベリーの成分は目に効果があるといわれる。だが、サプリとして1年や2年飲んだからといって、飛躍的に目が見えるようになるわけではないだろう。それが本当なら、世の中から目の悪い人がいなくなっているだろうし、あるいは世界的にブルーベリーが品薄になっているだろう。そう考えるのも人生経験を積んだ年配者の発想ではないか。

ところが驚くことに、私の両親やその周囲にいる人を含めて、多くの人がそうした健康食品やサプリを摂っていて、「効いているような気がする」「飲んでから体調がよくなった」と言う。

自分で飲んで満足しているだけならいい。私も「本人がそう思っているなら、どっちでもいい」と思うようにしているので、「エビデンスはあるの?」なんて野暮《やぼ》な質問はしない。

厄介なのは、しつこく他人に勧めたがる年配者だ。「絶対にいいから、あなたも試してごらん」「視力が落ちたって悩んでたよね。これを飲むといいよ」などという具合だ。やんわり断ると、露骨に不機嫌さを露わにする人もいる。

それから1、2年後になっても体調が改善された様子はないのだが、それでも同じように「これのおかげで悪くならないで済んでいる」と言い張る人がいる。

なかには「あれはあまり効かなかったね」と正直に認める人もいるが、よくよく訊ねてみると同じような効果を謳う別の商品をすでに購入していて、「あっちはダメだったけど、こっちは効く」と大真面目に言い出す。そして、やはり今度もそれを勧めようとする。

そうした健康食品やサプリが〝信仰〟になっているようなのだ。老化を免れたいがゆえにしがみつき、お金を注ぎ込み、効き目がはっきりしないものでも口に入れていく。もはや効き目があるかどうかではなく、それらを摂取することが目的になっているのだろう。

万歩計などの健康管理アプリの入ったスマート・ウォッチを購入し、ウォーキングやジョギングに熱心になる年配者も目立つ。もちろん適度であれば理想的だと思う。

ところが気温35度の真夏の真っ昼間にウォーキングやジョギングをしたり、脚や関節に痛みを覚えているのに我慢して走ったりする年配者が現れる。毎日の運動を記録することをルーティンにしているために、そんな無謀な行動をしてしまうのだろう。健康を保つもりで始めたのに、健康を害するどころか、命を落としかねない。

しかもこのタイプの人は、自分の努力を人に自慢したがる傾向がある。「今日は朝から

30度を超えていたけど、走ってきて、へっちゃらだった」などと言う。そしてそんな人は「あなたも一緒に走ろうよ」「気持ちいいよー」なとど誘ってくるから閉口してしまう。

サメテガルを心得ない人は、「飲み続けなければダメだ」「運動はし続けるべきだ」という考えになって、突き進んでしまう。そんなときに、「このサプリや運動にどれほどの意味があるのだろうか」「効果があればいいけど、なくても仕方ない。どちらでもいいじゃないか」という意識が働けば、無駄にお金を注ぎ込むことにも、健康を害しかねない運動もあることにも気づけるのだが……。

なぜ男性の年配者は「ぬれ落ち葉」になるのか

若さを保とうと努力すれば、ある程度は老いの訪れを遅らせることはできるだろう。だが、いくら抵抗しようとも、老いは確実に進行していく。体調の悪い日が続く。車の運転に自信があったのに塀にこすってしまった。ガスをつけっぱなしにして忘れてしまった、二日続けて財布を忘れてスーパーに出かけてしまった……。

そんなことが続くと、老いに屈服せざるを得なくなる。年を重ねればそれを受け入れていくしかないのだが、その過程で自分に自信をなくしていく年配者も多い。

引退して自宅で過ごす時間が増えていくと生き甲斐を失い、毎日の張りがなくなり、ぼんやりと過ごすようになる年配者がいる。老人性の鬱状態になって「これから先、何もいいことはない」などと思い詰めてしまう。

とくに男性の年配者が「ぬれ落ち葉」と表現されることがある。定年後にやることがなくなり、まるで靴に貼り付いたぬれ落ち葉のように妻について回るようになることを指すことが多い。そして自分の時間を過ごしたい妻が、その行為を迷惑に感じる意味合いも含んでいる。

夫はこれまで妻との時間をつくれなかったのを後悔し、その分を取り返そうと考えているのかもしれない。妻孝行をしたい、少しでも楽をさせてあげたいと思って同行し、荷物を持つなどの手伝いをしているつもりなのかもしれない。周囲からは間違いなく「仲睦まじい老夫婦」に見えるだろう。夫自身もその気になっているかもしれない。

だが、そうした夫の独りよがりを妻は苦々しく思っている。そんな家庭はあちこちにありそうだ。

「妻と同行しても、別行動でもいいじゃないか」と思えれば、いつも妻に付き添うことはなくなる。少なくとも、妻も同行を喜んでいるという勘違いは起きないはずだ。だが、「妻と行動するしかない」と思い込み、それ以外の選択肢がなくなっている自分を客観視できる夫は意外と少ないのかもしれない。

「ぬれ落ち葉現象」の背景には、「不安」があるのだと私は思う。

会社や組織で数十年にわたって過ごしてきた人は、退職すると所属や肩書をなくす。しかも、会社ではずっと誰かが一緒にいたから、退職すると「広い宇宙に裸のまま捨てられた」という気持ちになるのだろう。

服を着ないで外出しているような気になるので、一人でスーパーにも行けない。かといって一人で留守番するのも怖い。妻に付き添ってもらってやっと安心する。「日常生活のベテラン」である妻に頼り、これからの生活を続けようと思っている。そんな意識なのだと思う。

「肩書なんてあってもなくても、その人は変わらない」「人間は一人で生まれ、一人で死んでいくのだから、妻が常に一緒でなくたっていい」と思えればいいのだが、とくに会社組織で過ごしてきた年配男性がその意識を持つことは非常に難しいようだ。

詐欺師がつけ込む「年配者の欲望」

オレオレ詐欺——現在は「振り込め詐欺」とか「特殊詐欺」という呼び方をするらしい。電話で息子や孫を名乗る人が電話してきて「緊急にお金が必要だ」と泣きつき、それを信じた年配者がお金を振り込んでしまったり、「受け子」と呼ばれる者に現金を渡してしまったりするのが古典的な手法だ。

近年では還付金詐欺、投資詐欺などさまざまなパターンがある。異性から突然連絡があり、ＳＮＳなどでやり取りする中で恋愛感情が高まって、頼まれるままにお金を振り込んでしまう「ロマンス詐欺」も話題になった。

こうしたニュースを聞いた多くの年配者は、「そんな途方もない話を信じるなんて、世間知らずだな」と、やや軽蔑を含んだ感想を漏らす。そして「自分は引っかかるわけがない」とも思う。同世代の中で「自分だけが10歳くらい若い」と思い込むのと似たような構図だ。

だが、私と同世代で３００万円も騙し取られた知人がいる。すんでのところで娘さんが気づいて事なきを得た知人もいる。実際に身の回りに被害者がいる以上、「自分だけが引っかからない」と思うのも傲慢なのだろう。

こうした詐欺には、多くの年配者が胸に秘めている「何らかの欲望」を満たす仕掛けがあるようだ。だから、騙される側の警戒心が働かない。相手に「そうかもしれないし、そうではないかもしれない」という意識が生まれないように、言い換えれば「サメテガルの意識」が働かないように、詐欺師たちは焦らせたり、欲望をかき立てたりしている。還付金詐欺や投資詐欺では「儲けたい」という願望を満たす。ロマンス詐欺では、「愛されたい」という欲望を満たす。

古典的な「オレオレ詐欺」にも、何かしら騙される側の欲望が作用していると思われる。「子供（孫）を助けてやりたい」「助けられる父（祖父）でありたい」などという願望だ。

もしかしたら、普段は息子や孫とうまくいっておらず、軽く見られていたり、信用されていなかったりするのかもしれない（そもそも関係が良好でコミュニケーションが取れていたら、最初の電話の時点で詐欺と気づくだろう）。

そんなとき、自分の力で息子や孫を助けられる機会が訪れる。「私を頼ってくれている。助けてあげれば私のことを認めてくれるだろう」――そんな思いで心がはやってしまう。実際にはいっそう信頼をなくし、存在感を失ってしまうのだが……。

会話を終わらせられない

1年ほど前の出来事だ。やや複雑な振り込み手続きをしなければならなかったので、銀行の総合窓口に並んだ。行列はさほど長くなかったが、いつもは3人くらいいるはずの窓口担当者が別の対応に追われているようで、なかなか順番が回ってこない。

やっと担当者の一人が窓口に戻ろうとしたとき、少し離れたところにいた年配の男性客がその担当者を呼び止めた。奥にある来客者用のブースを使って何かの作業をしていた男性は、何かしら用事ができて少し外出したいようだった。

男性「いやぁ、ブースを借りて資料を整理していたんです。でも、ちょっとだけ外に行かなきゃならない用事ができちゃって。作業の途中なので、10分くらいブースに書類を置きっぱなしにしたいんですけど、いいですか」

窓口担当者「申し訳ありませんが、それはできません。置いていかれても私たちは責任を持てません。いったんブースは空にして、戻られてからまたご利用ください」

互いの言葉遣いも丁寧で、もっともなやり取りだった。それを聞いていた私も、「あぁ、これでようやく窓口が動き出す」とホッとしたのだが、そうはならなかった。

男性客は「ブースで作業をしていたんです。でも、ちょっとだけ外に行かなきゃならない用事ができちゃって。困ったなあと思っていたんですよ」と、ほぼ同じことを繰り返す。窓口担当者も無視すればいいのに、丁寧に同じ説明を繰り返す。「申し訳ありませんが、決まりですので、いったんブースは空にして、戻られてからまたご利用ください」

それでもまだ終わらない。

「作業の途中だったんですけど、ちょっと外に出る用ができたんですよ。困ったなあと思いましてね……」

もちろん窓口担当者の答えも変わらない。むしろ「申し訳ないのですが……」「心苦しいのですが……」の回数が増え、慇懃《いんぎん》さが増している。邪険に扱うと、お客様アンケートなどで悪《あ》し様《ざま》に書かれてしまうのを恐れたのかもしれない。

そんなやり取りがさらに2往復くらい、時間にして数分続いた。まさにエンドレステープ！　これでは窓口の順番がなかなか回ってこないと思い、私はその日の手続きを諦めて列を離れた。

思えば不思議だったのは、男性客の口調は決して居丈高《いたけだか》ではなく、何とか言い分を認めてもらおうと食い下がっている様子でもなかったことだ。ボケていて何度も同じことを繰り返していたというわけでもなさそうだった。それなのになぜ数分も不毛な問答が長々と続いてしまったのか。

おそらく男性客も窓口担当者も、「話の終わらせ方」が分からなくなってしまっていたのだと思う。

用事があって誰かのお宅を訪ねる。一通り話は終わって結論らしきものも出たので、互いにそろそろ切り上げたいと思っている。だが、「終わりにするきっかけ」がつかめない。訪問した側は「では、帰ります」と言いづらい。かといって迎えた側も「では、もう帰ってください」と言えない——そんなことがしばしばある。

家を訪ねる場合とは限らない。道で会った人、電話で話した人、打ち合わせをした人と要件は済んだのに、その場を互いに離れられず、電話を切れない。別れの挨拶も切り出せずに無駄な時間を使う。あるいは「別れの挨拶につなげるための世間話」を長々としてしまう。

銀行での光景も、まさにそれだった。男性客は窓口担当者にあっさりと「ノー」を言われたので、「別に私はワガママを言いたかったわけじゃないんです」と、言い訳交じりに同じことを繰り返す。窓口担当者もきっぱりと断ったものの、何とか感じよく納得してもらいたいので慇懃さが増し、話が長くなっていく。そんな感じだったのだ。

感じよく付き合いたい、和気藹々《わきあいあい》と穏便に過ごしたいという意識の強い日本人に特有の現象かもしれない。とくにこうした「日本式コミュニケーション」を日常的に行ってきた年配者には多いと思う。年配者が「ぐずぐずしている」ように見えるのには、おそらくそんな理由もありそうだ。

「よろしくお願いします。それでは」と言えば、たいていの場合は「話は終わりにしましょう」というシグナルになる。それを自分から言い出すのをためらっているのだろう。こうして、「年寄りの話は長いから、話さないほうがいい」という戒めが世間に広がってしまう。

「昔はよかった」と言って「いまに怒る」

年寄り扱いをされて不快な思いが募る。不満や怒りが強まる。そして自尊心が頭をもたげてくる。やがて年配者の中には「反撃」を始める人もいる。

テレビを観ながら、「けしからん」と腹を立てる人がいる。アメリカの大統領選からウクライナや中東の紛争、隣国の政治不安まで世界的なニュースに対して憤る人もいれば、日本の政治家の不祥事や物価の値上がりを嘆く人もいる。

そして「これでは世界は破滅する」「このままでは日本は沈没してしまう」など、何とも大仰《おおぎょう》な感想を口にする。

とりわけ批判の声がエスカレートしがちなのは「若い奴ら」に対する批判だ。「最近のテレビ番組のくだらなさときたら、ひどいものだ」「バラエティでお笑い芸人が大騒ぎしているだけならまだしも、中には社会問題について一丁前に語る芸人もいる」「ドラマも下手な脚本、下手な役者のものばかり。昔の役者は違った」……など、このタイプの年配者は常日頃からこのようなことにまで鬱憤《うっぷん》を感じているのだろう。

そして心の内で思うだけならともかく、それを口に出してしまう。テレビを観るたびに、ぶつぶつと文句を言う。

同じような価値観の年配者と一緒に観ているときなら、全く問題はない。その場にいる多くの人も同意してくれる可能性があるからだ。

だが、若い人も一緒に観ているときに、そんなことを言えば不快に思われるだけだ。自分から孤立を求める愚かな行為なのだが、自分では気づいていない。そうした言動をする年配者は、基本的に「昔はよかった」と思っている。だから、現在の状況に怒る。

若い人が何か気に障ることをしようものなら、説教したくなる。だが、「昔はよかった」という前提だから、若い人に響くはずがない。

年配男性が「俺たちの若いころは」と喋り始めると、パワハラやら体罰やらを乗り越えた、死に物狂いになって根性で部活に取り組んだ、会社のために命を懸けて頑張った……そんな話になっていく。しかも体罰やパワハラ、死に物狂い、根性、命懸けといった言葉を美化、肯定している節さえある。

話の中身こそ違うが、年配女性にも同様のパターンがある。姑の意地悪に負けずに家事を努力して姑に認めさせた……という話を通して、「いまの時代の嫁がいかに楽でぬくぬくとしているか」を語りたがるタイプだ。

聞かされる側は「年配者の時代」を知らないので、「へぇ、大変でしたね」くらいしか反応しようがない。感心や尊敬ではない。昭和の価値観に呆れているか、遠い星の世界だと思っている。適当に聞き流しているのだが、話している本人はみんなが納得し、感服してくれているものと思い込んでいる。

挙げ句には、現在の流行にまで不満や苦言を口にする。「ドリフターズの笑いは面白かった。ドリフの笑いは人を見下したりしなかったからだ」と話す知人がいた。そして「いまのお笑い芸人は低俗でつまらない」と付け加えた。

過去を美化している。人気絶頂のドリフターズは「低俗番組の象徴」に挙げられていたし、ドリフターズの笑いには少なからず「容姿差別、女性差別」があった。当時はそれが許容され、そんな笑いに人気があったというだけのことだ。

テレビのバラエティ番組は草創期から、ずっと低俗化という問題を抱えていた。社会は加速度的に大衆化していったので、それに合わせてテレビ番組も大衆化した。「昔はよかった」わけでもなんでもなく、単純に「低俗化の種類や基準」が変わっているにすぎないのだ。

要は「昔もいまもどっちもどっち」なのであり、昔の価値観が正しかったわけでも、いまの価値観が正しいわけでもない。そう考えれば、昔を懐かしんで現在を批判することに意味があるだろうか。

上から目線で話す人

年配者が多く参加するカルチャースクールやボランティアでは、基本的に上下関係はない。年齢、性別、過去の経歴にかかわりなく、参加者は平等に扱われる。ただし、過去の仕事や実績で、活動に貢献することはできる。かつて銀行で働いていた人であれば会計係を務める。法律に関わる仕事をしていた人は書類作成などを担当する。必ずしも現役時代を完全にリセットする必要はない。

そのように運営されている活動は「サメテガル」と相性がいいだろう。義務感で必死になる必要はないし、人間関係で窮屈さを覚えることもない。過去の能力や経験を参加者のために活かすこともできる。気の向いたときに参加して、合わないと思えばやめればいい。適度な距離を保ちつつ、楽しみながらゆっくりと参加できる。

ところが、いつの間にか会合を仕切ろうとする人が現れる。それなりに重要な役職についていた現役時代の癖が抜けないのだろう。その人が本当に有能であれば、周囲がおだてて上手に利用するのもいいが、たいていはメリットよりデメリットが上回る。

男尊女卑の時代を生きてきた人だから、女性の参加者に「書類を持ってきて」「メモにまとめておいて」などと指示を出す。男性に対しても過去の経歴を聞いて「自分のほうがかつては偉かった」と思うと、上から目線でアドバイスする。実際には「指示を受けた男性は大会社の役員だった」なんていうこともあるのだが、一度「自分のほうが偉い」と思い込んでしまうと修正はきかない。

このタイプの年配者が運営を牛耳《ぎゅうじ》るようになると、競争原理を導入して「他のグループに負けるな」「会の数値目標を立てる」などと言い出す。さらにはかつて在籍していた会社でしか通じないようなビジネス用語を一方的に使ったりする。

それどころか「あいつに任せると捗《はかど》らない」などと仲間を批判し、自分よりも信頼の厚そうな参加者が現れると嫉妬心を露わにして、粗《あら》探しをしては吹聴する。趣味の集まりなのに、現役時代の出世競争を70代にもなって始めてしまうのだ。

そういう人はあらゆる場面で上から目線が抜けない。たとえば健康のために運動しようと、ジムに入会して専門トレーナーをつける。この場合はトレーナーが指導者で、本人は

指導される立場のはずだ。

だが、そうは認識しない。指示通りに動かないばかりか、何かにつけてクレームをつけてしまう。相手がその道の専門家であることを忘れて、「私はこれまでこうやってきた」と自分の流儀を持ち出す。現代のトレーニング科学によって否定されている方法であっても、それに固執する。そして効果が上がらなかったら、「トレーナーが悪かった」と責任転嫁する。

私もある図書館の閲覧室でこんな人に遭遇した。ある年配男性が入室する際、スタッフから「コートはロッカーにしまってください」と求められた途端に怒り出したのだ。

「なぜ、脱ぐ必要がある？　君はこの私が盗みでもすると言うのか」と食ってかかった。スタッフが丁寧に「皆さんにお願いしている決まりですから」と説明しても、「この私に向かって失礼な」と聞き入れず、すったもんだの末に「だったら、もういい！」と捨て台詞を残して帰ってしまった。

この男性は自身の経歴を叫んだりはしなかったものの、「自分は偉いのだから特別扱いされてしかるべきだ」とでも考えていたのだろう。70すぎたら上から目線が通用しないどころか、自分の評価や価値を下げることには気づかない。

レビューやアンケートで酷評する

かつて私が多摩大学でゼミを担当していたころ、多摩市の主催事業に協力して、0歳から参加できる無料コンサートの企画・運営に関わったことがある。

演奏の場を求めている音楽大学の優秀な学生や、小さい子どもにも音楽を聴かせたいと願うプロの演奏家に依頼して、親しみやすいクラシック音楽を公民館で演奏してもらい、私の指導するゼミ生10人ほどが運営にあたった。「0歳児でも参加できる」という点を大きく打ち出したため、そのような機会を求めた人が多かったようで、想定以上の来場者があった。

もちろん会場には赤ん坊の泣き声、小さい子どもたちの叫び声が響く。子どもが自由に動けるように、観客席のほとんどを椅子のない平土間にして、ステージも段差をつくらず同じ高さにした。演奏家たちは素晴らしい演奏を披露した。子どもたちも音楽に合わせて体を動かしたりして楽しみ、大盛況のままコンサートは終わった。

100人ほど集まった保護者たちにアンケートをお願いしたところ、「小さな子どもがいると、クラシックを聞ける機会がなかった」「子どもに聞かせたいが、騒ぐのが怖かった。演奏も素晴らしくてとても嬉しかった」「無料でレベルの高いクラシックを聞けて幸せでした」など概ね好評だった。

ところが、激しい非難が数通あった。「こんなにうるさいコンサートは初めて。演奏家に失礼」「子どもをクラシックのコンサートに入れるべきではない。年齢制限するべきだ」という内容だ。

演奏の途中、1歳くらいの赤ん坊がハイハイでステージに進み、女性ピアニストに近づいていったので、観客席にいた女性が抱いて席に連れ戻す一幕があった。

その場面を指して、「赤ん坊をステージに近づけるなんて非常識だ。ピアニストがかわいそう。親もスタッフも非常識。もう少しきちんと対応しなさい」という年配者のアンケート回答もあった。

実はその赤ちゃんはピアニストの子どもで、要はお母さんを見つけてステージに進んでいったのを、付き添いの女性が抱き戻したという経緯だった。ピアニストのお子さんであることを知っていた学生スタッフは、子どもが近づくのを止めなかった。このような趣旨のコンサートだからこその、「微笑ましいアクシデント」だった。

コンサートの趣旨を理解しないまま、そして状況をきちんと理解しないまま断罪する。自分は音楽通、あるいは人生の指導者のつもりで説教する。

あくまで私が経験した一例だが、こうしたアンケートに激しい批判を書き込むのは年配者に多いようだ。厳しい文体で高飛車に「失礼だ」「非常識だ」「こんな下劣なイベントに初めて出席した」などと書き込む。的確な評価なら仕方ないが、若者向きのイベントだと分かって参加しているのに、自分向きでなかったことに怒りを覚える。初心者向けの研修会に出席して、「実際の役に立たない」と怒ったりするのも同じだろう。

きっとネットのレビューにも酷評を書いているのだろう。私はアマゾンの本のレビューをときどき見る。レストランのレビューも見る。中には口を極めて罵《ののし》っているものがある。若い人が書いているケースもあるだろうが、激烈なものの中には60代以上に特有の言葉遣いの批判が多い。しかも論理的な批判ではなく、価値観の違いで批判するレビューだったりする。

過ごしてきた時代や環境が異なるのだから、価値観の違いはどうしても生じる。どうしても生じるということは、ある意味「どっちでもいい」ということなのだ。それなのに自身の価値観こそ正しいと思い込んで、上から目線になってしまう年配者は一定数存在する。

「善意の価値観」に周囲は困る

年配者は頑固と相場が決まっている。なぜ頑固なのか。昔のやり方にこだわり、新しいものを取り入れようとしないからだ。

必ずしも自分のやり方がいまでも正しいと思っている人ばかりではない。

「自分はこのようにやってきて、まずまずの成功を収めてきた」→「現在はもっと違うやり方があることは知っている」→「だが、私がその方法をこれから身につける時間はない」→「仕方ないので、これまで通りのやり方を続けるしかない」――そんな思考回路で、自分の方法を貫く人がいる。

そのような頑固さは立派だと私は思う。自分のやり方を守り、自分らしく事を進めていく。あまりに古めかしく、あまりに時代遅れと周囲から見られることも自覚している。先述した「行きすぎた若作り」のように、できないのに無理やり合わせるよりいい。

問題なのは、自分たちの常識を他者に押しつける年配者だ。しかも上から目線ではなく、心の底からの善意で方法や価値観を、意識せずに〝強制〟してしまうタイプの人だ。

こうしたことは親子間でしばしば起こる。

30代で独身の息子が実家に久しぶりに帰省する。喜んで歓待する。そして帰り際に、「顔を出してくれて嬉しかった。でも、今度は、奥さんを連れてきてね」と満面の笑みで送り出す。キャリア志向の娘に、「そろそろ仕事をセーブして、他の道を考えたらどうだ」とアドバイスする。子どものいない息子（娘）夫婦に、「子どもはまだかな。孫の顔を見たいなぁ」とサラッと話す。いずれも親子関係が険悪なわけではないし、親の言葉に悪意は全くない。

セクハラやマタハラという意識が広まっているので最近は少なくなったそうだが、会社でも先輩が後輩に、「結婚はまだ?」「子どもはいつ?」と聞くことがあった。こちらも普段は「面倒見のいい先輩」が善意で訊ねていたのだろう。それを聞かされた側の心中はざわつきながらも、善意であることが理解できるので事を荒立てず、笑って済ます。だから、親や先輩は自分の価値観のズレに気づけない。

結婚や出産に関する会話は典型的だが、実はいろいろな場面で「善意の質問、善意のアドバイス」が迷惑がられている。

「お医者さんに心付けを渡さないと扱いが悪くなるよ」などと言う年配者がいるが、現代のコンプライアンスでは論外だ。「クラシックのコンサートには必ずネクタイを締めていきなさい」もかなり時代遅れの感覚というしかない。

社会常識の変化についていけない部分は、年配者なら誰にだってある。だからこそ、「他者のために善意でやっている」という無意識の上から目線には注意が必要だ。善意の押しつけをするくらいなら、「他人は他人、自分は自分の道を行く」と割り切っている頑固老人のほうが周囲はありがたい。

年配者の自分語りはすべて「自慢話」

自慢話も年配者の得意領域だ。はっきり言ってしまえば、年配者の「自分語り」は基本的にすべて自慢話といえる。

失敗談や何気ない思い出話もしている？　いや、それが「人に聞かせたい話」であれば、「自分が失敗から何を学んだか」「自分がどれほど活動してきたか」が含まれているので、やはり自慢話の一種なのだ。

したがって、私は自慢話のすべてが悪いとは思わない。自慢話は総じて仲間同士で盛り上がれるし、何より楽しい話が多い。子どもや孫に自分の若いころの成功談を聞かせて、「家族の伝説」をつくるのもいいことだと思う。子どもや孫だって、「父（祖父）は凄い人だった」という話は知っておきたいはずだ。

年配になると、同世代の人と顔を合わせる機会は減っていく。もっと高齢になれば、若いころを知っていた人がだんだんと欠けていく。そうなると誰も自分のことを褒めてくれ

ない。誰も自分の人生の価値を認めてくれない。だから自慢して、自分の生きてきた道を確認するのは、人間として至極当たり前の行為でもある。

そうであるにしても、なぜか聞く者を不快にさせる自慢話を続ける年配者は多い。

口を開けば自分が活躍したエピソードばかり、質問や相づちを挟ませる暇もなく夢中になって成功談を語り、まるでつい先日起きたかのように、直接話法を使いながら何十年も前のことを話す。

「相手があんまり無茶苦茶なことを言うんで、俺がビシッと言ってやったんだよ。『そんな話は通りませんよ』って。そうするとやっこさん、縮み上がってさあ……」などと、昔の活劇調で話す。まるで漫画のヒーローのような活躍だ。

本当かどうかは別にしてストーリーが面白ければいいが、そうはならない。しかも話が下手なので、前後の状況や登場人物、人間関係などがまるで分からず、誰も理解できていない。一人嬉しそうに話を勝手に進めて悦に入っていることも多い。

よくよく聞くと自慢するほどのことではない内容だったり、「そんなに成功したんだったら、いまはなぜこんな生活なの？」とツッコミたくなるような内容だったりもする。しかも、同じ自慢を繰り返しているうちに脚色が加わって、登場人物が増えたり、新たなエピソードが加わったりする。ただし残念なことに、その脚色も下手なので、ストーリーはさらに分かりにくく、つまらなくなっていく。

年配者の自分語りが自慢話になっていくのは仕方ない。だが、せめて「自分の自慢話なんて、他人にとってはどうでもいい」という感覚だけは持っていたい。実際、他人の自慢話を聞けば、「どうでもいい」と感じるのだから。

相手の反応を見ようとしない「独り語り」

独り言を口にする年配者は多い。とりわけ独居老人にはその傾向が強いという。「さあ、そろそろ出かけるか」「ああ、いやだねえ」「どうしたもんなかあ」「あ、忘れてた」……仏壇で亡き親や伴侶に向かってその日の出来事を伝えたり、感想を語ったりする人もいるという。

もっとも、こうした独り言は全く問題ないと思う。誰も聞いていないのだから、そもそも私が論評する筋合いでもない。正直に言えば、私自身もこの種の独り言を口にしている（ような気がする）。

問題なのは、話し相手が目の前にいるのに独り言を続ける年配者だ。独り言というより、「独り語り」と表現するほうが適当だろう。先述の「自慢話」は誰かに聞かせる目的があるが、こちらは「相手が聞いていようが聞いていまいが、話し続ける」というパターンだ。

耳が遠くなって、話が聞こえにくくなっているのかもしれないが、他の人が話を変えようとしても、意に介さずに自分の話を続ける。誰かが反対意見を口にしても、「そうそう、そう思う」と、自分の意見に賛成してくれているかのように話を進める人もいる。

独り語りも自慢話が多い印象だが、そうとは限らない。そんな内容の長々とした独り語りは、聞かされているほうをイライラさせる。

相手は家族や親族、友人だけではない。マッサージを受けたり、美容室や理容室で散髪してもらったりするとき、あるいは飲食店で一杯やっているときにも始まる。

突然、「今年の大河はつまんないねえ。役者もひどいけど、脚本もひどいね。前の回の主役の台詞なんてさぁ……」などと話が始まる。ゴルフ好きの男性だとプレーの様子やスコアを話し出す人も多い。

女性だと朝ドラの話が多いという。2024年であれば、「寅子の生き方って素敵よねえ」などと言い出す。聞かされた美容師は「トラコって誰?」と戸惑いながら話を合わせているうちに、しばらく経ってようやく朝ドラの話だと気づく。

相手の表情や返事を考えれば、自分の話に全く関心を持っていないことに気づきそうなものだ。そうした「独り語り」こそ、万人にとって「どうでもいいこと」なのにもかかわらず、「自分が興味のあることは誰もが興味を持つはずだ」と思い込み、相手の反応や戸惑いが目に入らないのだろう。そして周囲を呆れさせていく。

「理想の年配者像」なんて誰が決めた？

「理想の年配者像」というものがある。

たとえば年配女性の中には、「子どもの配偶者とは仲良くする」「できるだけ孫の面倒を見る」「夫に先立たれたら地味に静かに余生を過ごす」「ときどきは女友達と温泉旅行するが、一人旅などもってのほか」「あまりの若作りはせず、年齢にふさわしい地味なものにする」「地域の役員を気持ちよく引き受け、近所の人にはにこやかに声をかける」……並べると時代錯誤な印象もあるが、いまもそうした生き方を引き受けている年配女性はそれなりにいる。

男性にも「あるべき年配者像」のようなものがある。「落語に出てくる御隠居さんのような役割で若い衆をサポートする」「ボランティア活動などで何か困ったことに出くわしたときには、意見を請われるような立場になる」「人生経験を活かして子どもや孫を見守る」……乱暴にまとめれば「家族や周囲から尊敬される年寄り」ということだろうか。

そうした理想像（らしきもの）について、異を唱えるつもりは全くない。私もそんな「立派な年配者」になれたら素晴らしいと思っている。

だが、強固な理想像を抱いてそれを目指すあまりに、そうなれない自分を責めたり、卑下したりしている年配者もいる。理想像と違うので楽しみの場に行かない、周囲の目を気にして早めに家に帰る、異性に好意を抱いても親しくなってはいけない……自分の希望や願望や欲望と、理想像の乖離《かいり》に悩んでしまうのだ。

「私は60代の主婦なんだから、そんな派手な格好はできない」「未亡人になったのだから、楽しく遊びになんか行けない」「軽薄に遊び回るような人に思われたくない」などと考えて、自分をがんじがらめにしている。

実際にはそれぞれが描く理想像など、他人にとっては「どうでもいいこと」なのだ。そもそも他人の理想像など分かりようもない。

理想像から外れた自身を責めている分にはまだいい。ここでも時折、自分の理想像を他者の行動に当てはめて非難する年配者が現れる。

「あの人、いい年して派手な格好で出かけてたわよ」「孫の面倒を見ないでお芝居を見に行ったんですって」などというパターンだ。ただでさえ理想像なんて「どうでもいいこと」なのに、その価値観を他人にまで求めるのはサメテガルの正反対としか言いようがない。

「マイルール」を次世代に押しつける

マナーやルールを強要する年配者がいる。そこには自分たちの守ってきた文化を次世代にも伝えたいという思いがあるのかもしれない。

「こうするとうまくいくよ」というアドバイスなら下の世代も喜ぶだろう。すべてを喜ぶとは限らないが、少なくともさほど不快には思わない。

冠婚葬祭のしきたりを教えてあげるのもいいだろう。時代に合わせて変えてほしいマナーもあるが（法事での礼服は、せめて真夏はやめてほしいものだ！）、やはり伝統を知っている人生の先輩の教えは役に立つ。

問題となるのは「〇〇してはいけない」という禁止項目付きの「奇妙な謎ルール」や「合理的ではないマナー」の押しつけだ。

「集合写真では手は右を上にして重ねなければいけない」「お札を折ってはいけない。緩く丸めて袋に入れる」「ノックは2回ではダメ。3回しなくては失礼にあたる」などという不思議なマナーを持ち出してくる。そうした作法的なことを言うのは上品なタイプの女性に多いように思う。

男性では「生活上のマイルール」が多そうだ。「丼《どんぶり》ものは先に具材をかき混ぜなくちゃダメ」「醤油をかけるのはバカ。塩をつけるのが当然だ」といった具合だ。

許容範囲が非常に狭く、「こうでなければならない」と信じ込んでいる。自分だけで厳守しているぶんには「どうぞご自由に」で済むが、それを人にも強要したくなるのはなぜなのか全く理解できない。ひどい人になると同席者だけでは済まない。道ですれ違った赤の他人にも、テレビに登場するタレントにまで、「あの人の食べ方はマナー違反だ」「あんな作法を誰に教わったのか」と言い出した末に、「育ちが分かる」などととんでもない批判を口にする。

自分の存在感を示したり、知識をひけらかしたりしたい意図もあるかもしれないが、その多くは「マイルール」であって、他者に強制するものではない。恥ずかしいことに「すでに時代遅れのマナー」であったりすることもある。周りが教えてあげるのが本人のためでもありそうだが、たいていの場合は怒り出すので、放っておくのが無難だろう。

暴走老人の点火スイッチ

老いに直面した年配者の中には、「自分は社会にいじめられている」と被害者意識を抱き、攻撃的になる人も現れる。実際にはそれほど多くないのだが、行動が過激になりがちなために、しばしばニュースでも「老害」「暴走老人」として取り上げられる。

コンビニ、スーパー、駅、イベント会場で怒鳴っている年配者がしばしば話題になる。「悪質クレーマー」というと、相手の過失を見つけたり、相手を挑発したりしたうえで、それを口実にして土下座を強要したり、何かの見返りを要求したりする者が該当しそうだが、「年配クレーマー」にはそのようなタイプは少ないように思う。

クレームが目的を達成する手段ではなく、クレームをつけること自体が目的となっている。心の底から怒り、失礼だと思っている。おそらく年配クレーマーは「自分が正しい」と信じている。

私が最近スーパーで見かけた年配男性（といっても、73歳の私よりは若いと思う）は、レジ係の女性がもたもたしているというだけで怒鳴り散らした。男性は私の前に立っていたが、苛立つ様子が少し前から私にも伝わってきた。舌打ちしたり、独り言を言ったりしていた。

確かに我々が並んでいたレジの女性は他のスタッフよりも要領が悪かった。私も「別の列に並べばよかったなぁ」と思っていた。ネームプレートに若葉マークは付いていなかったが、「研修期間中」だったのかもしれない。

そしてようやく男性の順番になったのだが、そこで堪忍袋の緒が切れたのか「何もたもたしてんだ！」と怒号を発した。そこからは「よくそんなんで仕事できてるな」「どれだけ待たせてるか、分かってんのか！」と罵詈雑言の嵐。

レジ係の女性はどう対応していいか分からずにいるようで、クレームには対応せずに怒鳴っている客の品物を淡々とレジに通すだけで、謝罪している様子もなかった。すると男性の怒りはさらに増し、ついには店中に響くような大声で罵倒を繰り返す。女性は立ち尽くすばかり。やがて男性は「お前じゃダメだ。上の者を呼べ」と騒ぎ出す。年配クレーマーの典型的なパターンだった。

男性の怒りはレジ係がもたついて時間がかかったことに始まったのに、怒鳴り散らしてますます時間をかけてしまっている。効率を度外視して怒鳴っている。しかも、後ろに並んでいる私たちをもっと待たせていることには全く気づいていない……。

レジ係の女性が呆然とし続けたのが奏功したのか、男性は「それじゃあ使い物にならんから、他の仕事を探せ」という出すぎたアドバイス（？）を捨て台詞にして支払機のほうに向かって、とりあえず騒ぎは収束した。

男性は不慣れな店員を「指導」しているつもりになっていた。もしかしたら待たされてしまった客を代表して叱ったつもりなのかもしれない。

だが、罵られた側にいくらかの瑕疵《かし》があったとしても、周囲の誰一人として怒鳴っていた男性の行為に賛同していない。「被害者代表」のつもりでいるが、同情はほぼ１００％、レジ係の女性に集まっていた。そして男性は時間を無駄にしたうえに、「不満と鬱憤を発散しているだけの人」と思われてしまった。スーパーからも「要注意人物」としてマークされたことだろう。

自分の境遇や周囲の状態を苦々しく思っている中で何かしら不快な目に遭うと、それが点火スイッチとなり、「人生の正しい先輩として指導する」という奇妙な導火線に引火する。後は溜まりに溜まったガスが大爆発。そんなメカニズムなのだろう。

レジ係に怒りを覚えたタイミングで、「ここで怒っても怒らなくても、大差ない」と心の内で唱えられれば爆発には至らなかったかもしれない。だがそれを抑えきれず、結果的には激怒したことで自身の評価を下げてしまった。

自分は「被害者代表」のつもり

高齢になるとさまざまなことに対して許容範囲が狭くなる。

夏場に少し気温が高いくらいで「暑すぎる」と感じ、冬場に気温が低いと「寒すぎる」と感じる。ちょっとした音も「うるさい」と思う一方で、リビングのテレビは「小さすぎて聞こえない」と言ってリモコンで音量を上げる。数年前まで大好物だと言っていた料理も「おいしくない」と言い出したりする。快適な温度、快適な音量、快適な味が狭まっているのだろう。

感覚の許容範囲が狭まれば、必然的に喜怒哀楽が激しくなる。孫にちょっとやさしいことを言われただけで涙を流して喜び、テレビで知っているだけのタレントの悲しい身の上話に同情してむせび泣く。電車の中で赤ん坊が泣いているからといって怒り、ベビーカーが電車に乗ってくるだけで怒鳴り散らす。ラッシュ時間の路線バスの到着が数分遅れただけで、運転手に「なんでこんなに遅れるんだ!」と怒鳴ったりもする。

喜怒哀楽の中でも、周囲に迷惑がかかるのはやはり「怒」だろう。

先述のスーパーでの男性もそうだが、本人は常に「被害者代表」なのだ。「赤ん坊がうるさくて我慢できない」までは仕方ないが、そこで「他の人もきっと迷惑しているだろう。自分たちは騒音被害者だ。年配者を代表して赤ん坊や親を叱らなければ」となってしまう。

バスが遅れて自分の予定が崩れてしまうのが腹立たしい（大した予定ではないだろうに）。すると「他の客もバスが遅れて困っているに違いない。やはり自分が声を上げるべきだろう」と思ってしまう。自分は被害者であり、被害者を代表して抗議しているのだから正義の行動だ――そんな意識なのだ。

図書館で「俺の座席」を奪い合う

私は仕事柄、図書館関係者に何人か知り合いがいるが、全国の公立図書館では年配者の対応に大変な労力を要していると聞く。

開館前、すでに何人もの年配者が入口で待っている。多くは常連で、たとえ大雪や交通遅延であっても開館時間が遅れると責任を追及しようとする人がいるそうだ。

開館すると先を争うように「いつもの自分の席」を確保して、続いて「お目当ての新聞」の争奪戦を始める。新聞を確保すると数時間も独占し、隅から隅まで読んで過ごす。何かの事情で「いつもの席」を確保できなかったり、お目当ての新聞が読めなかったりすると、「俺の席になぜ他人が座っているのか」「どうして俺の新聞がない」と文句を言う。新聞休刊日でも「新聞がない」とひと騒ぎあるというから、クレームに付き合わされる職員には同情を禁じ得ない。

希望の本を借りられないときもひと悶着《もんちゃく》ある。話題の新刊本は予約順であることを説明しても理解しない。予約の順番が遅いと「前のヤツがゆっくり読んでいるから、俺に回ってこない」など、自分が新聞を独占していることを棚に上げて騒ぐ。利用者のリクエストを受け付ける購入希望図書についても、「自分の意見が取り入れられなかった」と言って怒り出す人がいるという。

図書館に限らず、年配者が多く利用する施設では同じようなトラブルが頻発しているのだろう。早朝から営業するコーヒーチェーン店でも、「いつもの俺の席が取られている」というクレームがあると聞いた。お金があまりかからず利用でき、怒りをぶつける相手がいて、わがままが通りやすい場所を選んでいるのだろう。

何より「自分のルーティン」を守ることを絶対として、自分の居場所を確保しようとしているのかもしれない。確かにルーティンづくりは、自分の精神的な居場所を見つけ、日常を取り戻すための作業だ。誰もが何らかのルーティンを持って、自分らしさを確認している。しかしルーティンから一歩もはみ出てはいけないと課しては、むしろ自分が挟まってしまうし、そもそも図書館や商店といった公共の場所で「自分のルーティン」を主張するのはおかしな話だ。

「ルーティンは大切だが、状況次第で変えられる」「いつもの席でなくても、大した違いはない」という意識になれれば解決するのだが、なかなかそうはならないようだ。

陰謀論に嵌まる年配者

陰謀論が世にはびこっている。割と多くの人が信じているらしいのは、「新型コロナワクチン陰謀説」だ。

マイクロソフトの創始者ビル・ゲイツらが世界の人々にマイクロチップを埋め込むためにワクチンを活用しようとしており、それを阻止しているのがアメリカの大統領トランプなのだ——という荒唐無稽《こうとうむけい》な話らしいが、私も同世代の知人から聞かされたことがある。

大地震が起これば「どこぞの国の兵器によるものだ」という噂が広まり、新種のウイルスが出てくると「生物兵器が原因だ」という説が飛び交う。

何か大事件が起きれば、「本当の首謀者は被害者だと思われている団体で、自作自演だ」「もっと大きなスキャンダルを隠したい権力者が仕組んだ」などと、まことしやかに語られる。言説の中身がすべて嘘とは限らないのだが、文脈全体はあまりに支離滅裂《しりめつれつ》で根拠がない。少しだけ科学的な視点で調べれば、絵空事《えそらごと》だと分かるレベルであることが多い。

どうもこうした言説を信じてしまうのは年配者が多いそうだ。周囲から軽んじられ、誰からも意見を求められなくなった年配者は、途方もない陰謀論を知って目からウロコの思いがするのだろう。そして同じような仲間とネットを通じて語り合って、ますます思い込みを強める。自分たちの理屈に都合の悪いことがあったら、「既存のマスコミは信用できない」「フェイクだ」と言えばいい。このように理論武装らしきことをしているうちに、ますます思い込みは強固になっていく。

サメテガルの考え方は、陰謀論の対極といえる。「そうであるかもしれないし、そうでないかもしれない」という気になる。極論を妄信して突き進むことはなく、ひとまず冷静になり、距離を置いて物事を考えられる。

「暇すぎる」から監視し合う？

「小人《しょうじん》閑居して不善を為《な》す」ということわざがあるが、不善をなす年配者は決して多くないと思う。むしろ「善」をなしている気になって、あちこちで「監視役」に勤《いそ》しむ年配者が多い。

もちろん「地域の目」として役に立つこともある。年配者が中心になって、通学途中の子どもを見守ったり、安全を呼びかけたりもしている。寒空のもと「火の用心」の活動に熱心な年配者もいる。

だが、そのような「ありがたい監視」ばかりではない。公園でボール遊びや自転車の乗り入れをする子どもたちを年配者がチェックして自治体に告発し、その公園を「危険な遊び禁止」に追い込んだことがあった。

もちろん告発した年配者は自分の正義に基づいて、「安全な公園づくり」に貢献したつもりでいる。だがその活動で自由な空間は狭まり、結果的に住みにくい街をつくっていたりもする。

町内会などの狭いグループでは、年配者同士が相互に〝監視〟している面がある。「あのお爺ちゃん、最近はゴミ出しに来ないねぇ」という会話があって、孤独死のような事態を防いでもいるのだが、それも行きすぎると弊害も出てくる。

「あそこのお子さんは高校を卒業したはずだが、いつも家にいる。受験に失敗したのか」「奥さんを最近は見かけない。離婚でもしたのだろうか」「昼間は奥さんしかいないはずなのに、男性が頻繁に訪れる」というような、家庭のプライバシーを探るような情報も飛び交っている。

地域社会だけでなく、家庭内でも同じようなことが起こっているかもしれない。

30年ほど前、私の母は60代、父方の祖母は80代だった。私は東京で暮らしていたが、たまに大分県日田市の実家に帰省した。盆地にある日田市は夏になるとしばしば、「今日、最も暑かった地域」としてニュースになる。数十年前なのでいまほどは暑くはなかったと思うが、夏の日中は35度を超えることも珍しくなく、エアコンなしで過ごすのはかなりつらい。

私はもちろん自室のエアコンをつけて過ごした。ところが、母はリビングに居座ってエアコンをつけようとせず、汗だくなのに小さな扇風機で我慢している。せっかくリビングにもエアコンがあるのだから使うように促したが、「必要ない」と言って頑なに拒否するのだ。どうやら父が仕事から帰宅するまで我慢しているようだった。

しばらくして状況が分かった。

母（嫁）と祖母（姑）が意地を張り合っていた！　自分は贅沢していない、自分のほうが我慢している、そんな我慢合戦だったのだ。祖母も同じように自室でエアコンを我慢していた。父が帰ったら、ようやく休戦になる。それまでは互いに監視し合って、贅沢を牽《けん》制《せい》し合っていたようなのだ。

いまやそんなバカバカしいエアコン我慢合戦をしている家はないと思うが、別の争いは年老いた親子間や兄弟・姉妹間で起きているのではないだろうか。

我慢してどれほどの意味があるのか。監視を怖がってどれほどの意味があるのか、贅沢と思われてどれほどの意味があるのか。どちらでもいいではないか。どうして暴走してしまうのだろう。

第3章

白黒はっきりつけたがる「因習」

日常生活は「グレー」ばかり

前章では「サメテガル」を意識できないために困った言動をする年配者たちを描いてきた。本章ではもう少し掘り下げて、サメテガルを阻害する要因、そしてサメテガルを意識するとどんなことが可能になるかを考えていく。

サメテガルを邪魔するものは、「白黒つけようとする因習」だと私は考えている。

現代社会で能動的に活動するには、白黒をはっきりさせる必要がある。それによって論理的かつ明確な目標が設定できる。その目標を実現するための方針が決まる。経済活動は何事にも白黒つけることの繰り返しで前に進んでいく。一つ一つの課題を取り上げ、対立点や損益分岐点を明確にし、それが「正しいか、間違いか」「するべきか、するべきでないか」を判断し、決定していく。

「白黒つけられない」「どっちでもいい」と考えた時点で、動きが止まる。日本企業は白黒つけない曖昧な部分も多く、さまざまな決定が暗黙の了解や忖度《そんたく》といったものにも左右されるために、欧米や中国の企業に後れを取った。そうした反省もあってなおさら、「白黒つけること」が日本社会全体で求められているようだ。

しかし、本当の意味で白黒つけるのは難しい。

白と黒の間には幅広いグレーのグラデーション、白とも黒ともいえない領域がある。生と死の間にも、脳死や仮死状態、植物状態など、どちらともいえない状態があるという。生物学上の男性と女性の間にも、遺伝子レベルで見ると複雑な状態があるらしい。

オセロゲームのように突然、白と黒が逆転することもある。何度も逆転していると、そもそも最初から白だったのか黒だったのかさえも分からなくなってくる。

日常生活で直面するのは、ある行動を「するか、しないか」という場面だろうが、多くは「どちらともいえない」「場合による」「状況による」となる。

正しいと思ってしたことが、状況の変化を受けて悪い結果を招くことはしばしばある。よかれと考えた行動が、誰かを傷つけていたり、迷惑がられたりしていたケースもある。

ある集団では善とされている行為が、別の集団では悪とみなされることもある。そして、時代が変化していくうちに善と悪が逆転することもしばしば起こる。天変地異のような予想もしないことが突然発生し、よかれと思ってしていたことが一瞬で無意味になることもある。

とりわけ高齢になると何が起こるか分からない。準備してきたことがすべて崩れる可能性がある。ずっと一緒に過ごしていくと思っていた配偶者が早死にしてしまうこともある。自分が大病に罹って余生の過ごし方を全面的に考え直さなければならないこともある。

きっぱり白黒つけても無駄になってしまうかもしれない——年配になるほどそう思うことが増えてくるのだ。

不倫タレントを糾弾する心理

それなのに、どうしても人間は白黒つけたがる。「善と悪」「正と邪」を線引きしたくなってしまうのだ。

前章で取り上げたクレーマーや陰謀論者などは、「正義の暴走」から始まっている。彼らは自分の確固とした正義だけを信じる。あるいは世の中にある情報を疑い、自分なりの正しい説を見つけ出して、それだけを真実とみなす。それ以外は「悪」であったり「フェイク」であったりする。

そうした「自らの正義」に基づいて他者を断罪し、激しい言葉で攻撃し、厳しく追い詰める。相手は悪だと信じて疑わないので、いくらでも罵詈雑言を浴びせていいし、邪《よこしま》な人間や不正を行う人間には正義の鉄槌《てっつい》を振り下ろしても構わない。同調する人たちも加勢してくれるので、〝多数派〟である自分たちが〝異端者〟を成敗している感覚になれる。さぞかし気分がいいことだろう。

年配者の正義感には、3つの特徴が顕著だと私は考えている。

第一は「自分を棚に上げる」という点だ。いつの間にか自分を聖人君子だと思い込んでしまうのだ。長く生きていれば何度も過ちを犯してきたはずなのに、「自分はこれまで一度たりとて不正をはたらいたことがない」「自分の判断は間違ったことはない」と考える。

そのうえで世にはびこる悪――たとえば犯罪者（自分が被害者というわけではない）、不正をする者、ルール違反をする者、社会倫理から外れた者など――を糾弾する。その際には「脅迫」や「恐喝」に該当しかねない行動も厭《いと》わない。

百歩譲って、凶悪な犯罪者を指弾しようとする感情は理解できなくもない。だが、そうした正義が暴走すると、犯罪者の家族に対しても糾弾が始まり、わざわざ実家に電話したり、突撃したりして嫌がらせをしたり、「そんな犯罪者を育てた親も社会に謝罪しろ」などと主張したりする。

有名企業でのセクハラやパワハラの問題が発覚して世間が騒ぎ出すと、正義漢たちもいきり立って、その会社や商品までも批判する。そんなときにはパワハラをした本人よりも激烈な言葉を繰り出す。

最近では不倫問題を起こしたタレントやアスリートに対して、「正義の鉄槌」を下したがる人が増えたようだ。私も眉を顰《ひそ》めるくらいはするかもしれないが、しょせんは本人とその家族の問題であって、自身が傷つけられたわけでもない。それなのにタレントの批判をSNSへ執拗に書き込み、出演するドラマが放映されるとテレビ局に電話で抗議し、登場するCMがあると「不買運動をしよう」と呼びかける。

しかし過去を振り返ってみれば、自分は清廉潔白だっただろうか。犯罪を起こしていないにしても、不倫していないにしても、誰しもそんな気持ちを抱いたことくらいはあるのではないか。「頭をよぎっただけ」と「実際に行動する」のには天地の差があるとはいえ、誰もがちょっとしたきっかけで犯罪に手を染める可能性はある。自分の家族が犯罪者になる可能性はもっと高いだろう。

不倫ともなると本人の意思や欲望というより、「そのような状況に陥ったかどうか」で決まるように思う。モーツァルトのオペラ『コジ・ファン・トゥッテ』（日本語題名は「女はみんなこうしたもの」）ではないが、〝おあつらえ向きの状況〟になったら、多くの人は不倫になびいてしまうのではないか。少なくともかすかな誘惑にはかられるだろう。

どんなに真面目に生きていたと自負する人でさえ、脳内で誰かに殺意を抱いたことがあるだろう。そうでなければミステリーは誰も読まないし、サスペンスドラマは誰も観ない。人の心中に「殺意」がなかったら、小説やドラマの主人公や犯人にリアリティを感じるはずがない。

年配者は長い人生経験から、「自分も一つ間違えれば、あの犯罪者や不倫タレントのようになっていたかもしれない」と分かっているはずだ。逮捕されなくとも軽微な犯罪を犯した人は大勢いるだろう。不倫したり、パワハラやセクハラをしたりした人も、いまの年配者には少なくないと思われる。そう冷静に考えたら、誰かを「悪の権化」のように攻撃することは控えるだろう。

ところが正義感が膨れあがると、自分のことは棚に上げてしまう。

暴力や戦争の始まりは被害者意識

第二の特徴は「被害者意識」だ。

前章では赤ん坊の泣き声に被害を受けていると感じる年配者について書いたが、近年何かと話題になる「煽《あお》り運転」での言動など、まさに典型的だと私は思う。

煽り運転をした人物が被害者の車を路肩に停めさせたうえで、車から降りてきて暴言を吐き、ときに暴力まで振るう。その様子は被害者のドライブレコーダーの映像などとともに報じられるが、その際に煽り運転をした側の多くは被害者に対して「危ねぇじゃねぇか!」「お前だけの道だと思うな!」などと叫んでいる。

要は「自分こそ被害者だ」という感情を持っているのだ。「加害者のテクニック」として、自分を被害者に見せているのではないと私は思う。本気でそう思っている。だから感情を爆発させ、声を荒らげ、暴力行為にまでエスカレートするのだろう。

自分が車線変更したいと思ったときに、前を走っていた車も同じように車線変更をしたので進路を塞がれた。自分が側道から本線に合流しようとしたのに、本線を走ってきた車がスピードを落とさずに進み、クラクションまで鳴らして妨害した――車を運転していればよくある場面だが、それを「相手側のルール違反」だと考えてしまう。自分は妨害された被害者だから、〝加害者〟をとっ捕まえて咎めなくてはならない――教育や指導のつもりで追いかけているうちに感情が高ぶり、「煽り運転の加害者」になっている。

そもそも暴力行為のほとんどは、被害者意識から生まれる。

いきなり話が大きくなるが、たいていの戦争は「自国が他国から侵略されている」「自国民が他国民から迫害されている」という意識から始まるといっても過言ではない。3年以上続いているウクライナ戦争でも、ロシアのプーチン大統領は「ロシア、そして国民を守るためには他に方法がなかった」と攻撃開始宣言の演説で述べた。それを肯定するつもりはないが、いずれにしても「ロシアこそ被害者だ」という理由なのだ。

第二次世界大戦のナチス・ドイツは、「自分たちの崇高な目的を周囲の国が邪魔し、国内の害悪であるユダヤ人と結託している」として戦争に突き進んだ。日本は、「西洋の列強がアジア諸国を蹂躙《じゅうりん》し、日本包囲網を築いている」として戦争に突き進んだ。

被害者意識は戦争を正当化するための世論操作に利用される。その意味では「加害者のテクニック」だが、一方でそうした被害者意識を国民が抱いているのも事実だろう。そうでないと戦争に突き進む権力者を、あれほど熱狂的に支持したりできない。

年配者は普段から被害者意識を強く持っている。しかもその厄介なところは、「少し前までは感じなかった被害」であることだ。

年配者は数年前（年配者になる前）まで、〝おいジジイ、早く歩けよ〟〝シワだらけのババアにはなりたくないわ〟などと思っていたりする。つまり「差別する側」として優越感を覚えていた。それなのに、なぜかいまは「差別される側」になっている。差別されることに慣れていないうえに、かつて年配者を差別してきた自覚もある。だから、いっそう被害者意識を強く持って、敏感に反応する。

典型的なのは年金制度に対する意識かもしれない。

現役時代はたくさん働いて、多くの保険料を納めた。「こんなに取られるのか」と嘆きながらも、当時の高齢者を支えた。ところが自分が受給者になったら、もらえる年金は当時の高齢者よりもはるかに少ない。それどころか「社会保険料の増加が国の財政を圧迫している」という主張が強まって、「高齢者は若者にぶら下がっている」とまで言われてしまう。自分には全く落ち度はないのに、酷い扱いを受けている——そう考えている。

わずかな不公平さえも許容できない

第三の特徴は「不公平に対する怒り」だ。

「平等であるべきだ」「不公平を是正すべきだ」と考えるのは年配者に限らない。現代社会は平等重視が高まり、一部の人の特権を許さなくなっている。少なくとも建前としてはすべての人が同等の権利を持つようになっている。そもそも若い世代の場合、「公平」や「平等」は生まれたときから常識で、特別なものとは思っていないかもしれない。

しかし現実には、経済力や学歴、家柄、就職先などによる上下関係はある。それは解消しようがないことでもあるし、個人の努力による「結果の不平等」といえるものも含まれている。

それなのに「公平」や「平等」を唱えて、あるいはそう教え込まれて生きてきた年配者の中には、そうした「解消不可能な上下関係」まで理不尽に思う人がいる。そうしたタイプの年配者は、何かにつけて「ズルい」「特権だ」という正義感で批判する。

ここ数年来の皇族に対するバッシングなどは典型だと思う。「皇族がわがままを通して結婚を強行した」「皇族がズルい入試を受けたために、一般受験生の枠が減ってしまう」といったことがターゲットになる。そうした批判には決まって「税金で生活している皇族」というロジックが加わる。

県知事が高級車を公用車として使っている、高級官僚はビジネスクラスで海外出張できる、国会議員はフリーパスで新幹線のグリーン車を利用できる……そうしたことも公平信仰の格好のターゲットだ。不公平の根拠や理屈らしきものがあればまだしも、「外国人が日本人よりも税金の恩恵を受けている」といったデマが広まり、ヘイトスピーチにつながったりもする。

やはりここでも、普段から「不公平な扱いを受けている」という意識を抱えた年配者が敏感に反応している。困ったことに、かつて自分たちが与えられていた特権や、行使していた特権のことは、完全に頭から抜け落ちている。

正義のアクセルとブレーキ

断っておくが、「正義の発動」そのものは人として間違っていない。人々や社会から正義感がなくなってしまえば、社会秩序は乱れ、犯罪も横行するだろう。

ところが「正義の暴走」でも社会秩序は乱れ、戦争や犯罪を招くことがある。正義に基づく激烈な怒りが、誰かを傷つけたりもする。

つまり、正義のアクセルとブレーキをそれぞれ適切に踏む必要がある。そのテクニックこそが「サメテガル」だと思う。

「自分を棚に上げる」正義感については、「自分だって同じように批判されることをした（考えた）ことがある。だから同じようなものだ」という思いに至れば、正義の暴走にブレーキをかけられる。犯罪やルール違反は非難されるものであることは前提としても、「そこまでではないものの、自分も似たようなことはしたかもしれない」「同じ立場だったら、自分も同じように考えたかもしれない」と思えば、もっと理性的に判断できるようになる。

第二の「被害者意識」についても、「自分の被害者意識なんて、さほどのことではない」「自分が加害者の側だったことがあるかもしれない」と認識できれば、正義の暴走は起きにくいはずだ。煽り運転のケースに当てはめれば、「自分が受けた（と感じた）被害なんて大したことではない。車を運転していたらよくあることだ」「知らず知らずのうちに自分も誰かを不快とさせる運転をしていたかもしれない」と思い至れば、「あいつを捕まえて懲《こ》らしめてやろう」などという考えにはならない。

第三の「不公平に対する怒り」は、まさにサメテガルの対極にある価値観だ。「公平」や「平等」に厳密になる必要はあるのだろうか。どうしたって世の中に不公平なことはある。でも、実は「どっちでもいい程度の差」でしかないことは多い。

それほど目くじら立てて批判するほどのことだろうか――と考えるのもいい。

国会議員や高級官僚がビジネスクラスで海外に行くのは、現地での活動に集中するための必要経費かもしれない。だとすれば、チェックすべき対象は「現地での成果が出ているかどうか」ではないか。それができていないのであれば、特権云々を批判するのではなく、その政治家や官僚の能力を冷静に提示すればいい。

皇族バッシングにしたって、そもそも天皇制を憲法で認めているのだから「皇族は特別な存在である」という前提がある。特別扱いしても、正義に反するとはいえないだろう。本当にその不公平を認められないという主張をしたいなら、天皇制のあり方や憲法、皇室典範について議論をするほうがよほど適切なアプローチだろうと思う。

反対意見に耳を傾けてみる

そろそろ正義を振りかざすのをやめてはどうだろう。同世代の年配者がなぜそれほど自分の考えに自信を持てるのか、しかもそれを他者に求めようとするのか、私は不思議で仕方がない。

それぞれの考え方には、それぞれの反論があるはずだ。そうした反論を完全に否定できるのだろうか。

私自身は「リベラル派」を自任している。リベラルな社会が理想だとも思う。だが、だからといってリベラル思想が正義だと思ったことは一度もない。

「防衛力を否定して、外国から侵略された場合に日本を守れるのか」「日本が外国に侵略され、ウクライナやガザ地区のような目に遭ったらどうするのか」「アメリカの核の傘のもとに入っているからこそ、あなたたちは非武装などと言っていられる。アメリカに依存して、言いなりになっているだけではないか」——そういった「保守派」の反論を真っ向から否定はできない。

私は平和主義者、反暴力主義者でもあるが、一方で「暴力を食い止める手段は暴力しかない」という意見を否定しない。「ナチス・ドイツが伸長する前に、イギリスやフランスが宥和《ゆうわ》政策を選ばずにドイツを掣肘《せいちゅう》していれば、第二次世界大戦は未然に防げた」という見解には、ある程度同意するところもある。

ところが〝正義派〟の人々は、自分の意見を絶対的に正しいと信じてしまう。年配者はとくに自説を枉《ま》げない。新しい事象が起こっても自説にこだわる。ずっと「左翼」であることに誇りを持ってきた人の中には、無条件に左翼が正しいと信じ、それを疑うことをしない人がいる。もちろん「右翼」にも同じことが当てはまる人がいるだろう。

困ったことに、そうした頑迷な〝正義派〟には、往々にして根拠や論理が薄弱な人がいる。「なぜそう考えるのですか?」と訊ねても、「いいものはいい」「自分が正しいに決まっている」という答えなのだ。それぞれの正義を信じる「理由」ではなく、正義を貫くこと自体が目的になっている印象を受ける。

自分は正しいに決まっていると思い込むのでなく、また自分以外の意見を「論外」「ナンセンス」と決めつけずに、自説を検証してみてはどうだろう。反対意見の言い分をきちんと聞いてみたらどうだろう。

その人が理性的であればあるほど、「どちらとも言い難い」「何とも言えない」という結論が出てくるのではないか。もちろん「それでも自分の意見が正しい」という結論でもいい。そうだとしても、反対意見にだって根拠があることは認識するだろう。相手を頭ごなしに罵ったり、斥《しりぞ》けたりできないことを理解するだろう。

多様な考え方、多様な価値観があり、「これが絶対だ」とは言い切れない。サメテガルの精神は、まさに「ダイバーシティ（多様性）」なのだ。

「正義」も「道徳」も息苦しい

正義は一つではなく、さまざまな正義がある。それを無視して、一つの正義にしがみつくのには無理がある。

そもそも正義を絶対視する生き方は、息苦しくないのだろうか。自分を棚に上げて他者を声高《こわだか》に批判すると、憂さ晴らしにはなるのかもしれないが、年配者の正義は被害者意識にかられる傾向も強いので、自分を苦しめることにもなりかねない。

正義を信奉する人は、自分もその正義を守ろうとする（自分を棚に上げていることもあるにせよ）。自分が許せないような不道徳な行動は、自らを律して慎もうとする。

息苦しくはないのだろうか。少しでいいから、自分で決めた道徳観を緩めたらどうだろう。「ちょっとくらい正義から外れても、大して問題はない」という感覚で。

年配者の中に、自己規範の強い人が多いのに気づく。「人の悪口を言ってはならない」「定刻の5分前には到着しなければいけない」「嘘をついてはいけない」「目上の人に反論してはならない」「目を見て挨拶しなくてはいけない」「いかがわしい場所に立ち入ってはならない」……。

最近では「甘いものを食べてはいけない」「炭水化物を食べてはいけない」「1日、最低1万歩は歩かなければならない」といった〝健康信仰〟も幅を利かせているようだ。

中学時代の厳しい校則のような枷《かせ》を70歳にもなって自らにかけて嬉しいのだろうか。道徳は自身の抑圧の役割を果たしている。自分の中に監視人がいて、いろいろな行動にストップをかける。素直にやってみたいと思っていることでも、道徳観が邪魔をする。

犯罪行為を推奨しているわけではないし、誰かに迷惑をかけるような行動は避けるべきだろう。しかしサメテガルを心得ている範囲内であれば、人の悪口を言って仲間で盛り上がってもいいではないか。大した用でもないのに5分前集合を守り、仲間の遅刻をイライラ待つなんてバカバカしいではないか。

人間関係を円滑にするためなら、ちょっとした嘘をついたっていい。たまには派手な服装で出歩いたって、誰も迷惑には思わないだろう。独り身だったらマッチングアプリや街コンで、交際相手を探したっていいではないか。深入りしなければ、風俗店に入ったところで非難されるいわれはない。医者に止められているのでもないなら、大好きなスイーツを満足するまで食べてもいい。

自分のちょっとした欲望を抑圧し、他人の行動を批判するより、よほど豊かな人生になる。サメテガルをわきまえた「チョイ悪」の年配者はきっと楽しく日々を過ごしている。

私は、年配者の生き方の指針として、「何が正しいか」「どうあるべきか」は好ましくないと考えている。そうではなく「どうしたいか」「どうするのが最も気楽か」「どうすればストレスなく生きていけるか」を考えるのが望ましい。

「こうであるべきだ」といった意識が生まれたら、「そんなことはないかも？」と自問自答してみるのがいいだろう。「そうしても、そうしなくても同じ」——そんな答えに辿り着けば、自分の道徳観に縛られて生きることのバカらしさを感じるだろう。

とりわけ日本人の道徳観は、「世間様に申し訳ない」という意識が強い。

ルース・ベネディクトの名著『菊と刀』で指摘されたように、欧米人は神から見てその行動が正義であるかどうかを判断し、日本人は人々の目によって道徳を判断する。だから、日本人の道徳観は、しばしば「誰かに見られたら、何を言われるか分からない」「他人様の目があるから」という発想が先立つ。そして、それがいつの間にか自分の心の中に入り込んで、自分自身の目が自分の行動を監視して、自由な行動を妨げている観がある。

心の中に「他人様の目」が思い浮かんだら、それは自分の中の抑圧と考える。そんな抑圧はさっさとはねのけるのがいいと私は思う。

第4章

こだわって頑張りたがる「因習」

「本当の自分」を守るための戦い

年配者は過去にこだわる。過去を引きずる。過去の自分のまま、これからも生きようとする――それは当たり前のことだ。いまの自分をつくっているのは、過去に自分が経験したさまざまな出来事であり、過去に知った知識だからだ。

年配者がこだわる過去を端的に示すなら、自身の「アイデンティティ」にほかならない。自分の絶頂期を思い返し、それこそが「本当の自分」だと思い、当時の「自分らしさ」を守ろうとする。それを崩されると、自分が自分でなくなるような気がする。

年配者は「本当の自分を守るための必死の戦い」をずっと続けているのだ。

人によってはファッションにこだわる。過去のスタイルをそのまま再現しようとするわけではなく、かつての「おしゃれな自分」「できるビジネスパーソンとしての自分」「知的な自分」「自由人としての自分」を服装で演出しようとする。

行きつけの店にもこだわる。当時と同じ美容室に通い続ける人、それどころか髪が薄くなってもずっと同じ髪型を通す人もいる。同じレストランに出かけて、当時よく座っていた席を取ろうとする人もいる。昔からの日課を続けることにこだわる人も多い。

私の父は40年近く公務員として働き、その後は別の仕事に就いて、自宅の敷地内に構えた事務所で働いた。自宅の玄関から事務所までは20メートルほどなのに、80歳近くまでスーツにネクタイ姿を頑なに変えなかった。

先に書いたように日田の夏は暑い。それでも35度近い真夏でもネクタイを外さなかった。さすがに80歳すぎてからはつらくなったようで、ラフな姿に変わったのだが。

私の友人にも、内輪のくだけた集まりなのにスーツ姿で現れる人がいる。私が思うに、父もその友人も「自分のスタイルを変えるのが怖かった」のだと思う。そんな強迫観念のような意識があるのだろう。

自分を苦しめるこだわり

「こだわり」には肯定的なニュアンスもあるが、「ほかの選択肢を選ぶ度胸がない」ということでもある。もっと言えば、実はさほどのこだわりはなく、単に別のものに踏み出せないだけかもしれない。だから同じもの、同じことを繰り返す。

外出時はスーツにネクタイと決めていた人がネクタイなしで外に出ると、なぜか不安になってくるという。自分らしくないのではないか、みっともないのではないか、この姿を見た人は怪訝に思うのではないか……そんなことを想像するようだ。

定年退職を機にきっぱりとネクタイをやめたのなら、踏ん切りがつくかもしれない。でも退職後も何日かネクタイ姿で外出したりすると、スタイルを変えるタイミングを失って、漫然と続けることになる。スーツとネクタイに限ったことではなく、すべてにおいてそのような心理が働くといえるだろう。「本当の自分らしさ」を保つために、あるいは自分が壊れるのを恐れ、それまでのやり方、考え方にこだわる。好きでネクタイ姿を続ける程度なら、そのこだわりが悪いことだとは思わない。しかし、こだわるあまり、現在の何かを犠牲にして自身を苦しめているのであれば、本末転倒というしかない。

ジョギングを日課としてきた人がいる。若いころは週末には必ず10キロ走っていたが、70歳をすぎて、さすがに苦しくなってきた。膝や足首も痛い。健康のために続けているのかもしれないが、自分の体を思うなら、すぐにやめるべきだろう。

それなのに「続けるのが自分の生き甲斐」と勘違いしている。それをやめてしまうと、人生に負けたような気がするのだろう。10キロは無理でも5キロは走ろうなどと考えるのだが、膝や足首の痛みは日に日に増していくばかり……。

お金が絡む場合は、生活を破綻させかねない。かつて高給取りだったころは贅沢ができた。ところが年金生活に入ればそうはいかない。それでも続ける。旅行が趣味の人が、昔のようにグリーン車に乗り、豪華なホテルに泊まろうとしたりする。格安のバスツアーやビジネスホテルだと、みじめな気がしてしまうそうだ。

こうしたこだわりは自分を苦しめている典型例だろう。

話し下手の私が「話し方」を書いた理由

人間は可塑《かそ》性を備えている。いつまでも同じ人間ではなく、成長や経験、あるいは自身の心境やこだわりの変化によって〝別の人間〟になれる。多くの人が「自分はこんな人間だ」と思い、それを通していこうとしているが、それは思い込みだ。自分には絶対できないと思っていたことでも、実際にやってみると難なくこなせたりもする。

私自身のことでいえば、きわめて内向的で恥ずかしがり屋で、目立つことは嫌い、人前で何かするなんてとんでもない――そんな人間だと思っている。だから、普段は引っ込み思案で、目立つことはしない。

私が最初に少しだけ世の中に知られるようになったのは、予備校の「カリスマ小論文講師」としてだった。食べるのに困って予備校講師の募集に応募した、という経緯だったのだが、人前で喋るのが大の苦手であった私に予備校講師が務まるとは思っていなかった。

ところが実際にやってみたら、私の指導法は評判となり、参考書の執筆依頼が次々と来る。いつの間にか「カリスマ講師」と呼ばれていた。そうなっても人前で話すことは苦手だったのだが、だからこそ周囲の人々の話し方に関心を持って観察するようになった。その観察をもとに2004年に『頭がいい人、悪い人の話し方』という本を出した。するとそれが250万部を超え、翌年の年間ベストセラーになった。

それでさらに困ってしまった。本のタイトルのせいで「著者は話し上手だ」と誤解されたのだ。テレビ番組に呼ばれたり、講演を任されたりしたのだが、相変わらず会話は苦手。そもそも他人とコミュニケーションするのも好きではなかったが、そうした仕事をこなしているうちに、それなりに話せるようになっていた。

予備校講師になる前の、むっつりした顔をして人の陰に隠れ、ぼそぼそと喋る私は、周りから「感じが悪い」と言われていた。そのせいだろう、就職試験の面接では50回以上も落とされた。昔の知り合いは、いまの私に驚くだろう。いまでも感じのよい明るいキャラクターとは思わないが、それなりに円滑なコミュニケーションをとっている。

私の場合、「自分はこんな人間だ」という思い込みを打ち砕かれてきた人生だったといえる。それは私だけではないだろう。多くの人が思い当たるはずだ。

年配者の可塑性を邪魔するもの

年配者は新しいことをしたがらない。挑戦しようと思っても、高齢になると可塑性が失われ、なかなか変われないといわれる。一面ではその通りだが、可塑性が弱くなったわけではない。「自分はこうあるべきだ」というこだわりが強くなったせいだ。

そんなこだわりを減らすには、勉強も資格も努力も必要ない。腹を決めればいい。ちょっとした度胸があればいい。

サメテガルを発動させてはどうだろう。「自分らしさなんて大したことではない。どっちでもいいことだ」――そう思えば、こだわりから抜け出すことができるだろう。

だからといって、昔ながらの自分らしさを無理に捨て去らなくてもいい。無理に守る必要もない。やはり「どうでもいいこと」なのだ。

そう考えると楽になる。無理をしなくても続けられるのであれば、かつての習慣やかつての自分らしさを続ければいい。つらいと思ったら、さっさとやめればいい。

いまやクールビズは社会に定着したが、多くの人はスーツにネクタイ姿をやめたらどんなに楽か、夏でもどんなに涼しいかを実感しただろう。それと同じように、自分のこだわりのためにどれだけ我慢を重ねていたかに気づくだろう。そのようなちょっとしたことを手掛かりに、「こうあるべきだ」というこだわりを徐々に捨てていくのが理想だと思う。

「こだわり」に縛られるのは自分自身だけではない。他者との関係にも及んでいる。

社会活動を行っているうちは、「人脈」は大きな財産だった。どれだけ多くの人を知っているかは、どれほどの経済力があるか、どれほど知識があるかにも勝る能力だ。人脈が広ければ仕事を円滑に進めることができ、さまざまな企画を実現できる。成功を重ねることによってますます人脈は広がり、自分の評価も上がっていく。

ところが現役から退くと、そうした人脈はあまり意味を持たなくなる。

そうした人脈のほとんどは、自分の所属していた組織あってのものだからだ。その人が必要とされ、多くの人が助力してくれていたのは、個人への敬意ではなく、組織に所属して重要な仕事をしていることへの敬意だった。組織から離れてしまったら、ビジネスメリットはほとんどなくなる。ビジネスの世界における人脈は、利益分配のためのシステムにほかならない。退職してしまえば、分配する利益を生み出せないので、人脈は切れてしまうのが当然なのだ。

それなのに現役時代の人脈を維持しようとする年配者は多い。退職後も大量の年賀状を送り、メールをやり取りし、ＳＮＳでつながろうとする。だが残念なことに、それで利益を生み出すことはない。

そうした人脈維持の活動を楽しんでいるのであれば、別にいいと思う。そのような活動によって友をつくり、仲間をつくり、心おきなく話し、時にともに遊びに出かける。そうした交流があってこそ、豊かな老後を送ることができる。だが、人とつながるという作業を心のどこかで負担に思っているのであれば、人間関係も整理するほうがいい。

人間関係を整理する

定年後の人脈を手軽にして、楽しい時間が増えるのであれば好ましいことだろう。ところが、せっかく現役時代のしがらみを整理したのに、新しいしがらみを増やすばかりの年配者もいる。楽しくもなく、もちろん利益にもならないような人間関係だ。

一方的に親しくしようとするご近所さん、ずるずると年賀状や誕生日祝いをやり取りするだけの知人、何年も会っていない親戚、めったに顔を合わせることもない昔の仲間……。

そんな人から何かの便りが届くたびに、負担を感じてしまう人も多そうだ。

手紙やプレゼントをもらったら、お返しをしなければならない。「もらわないほうがありがたい」と思ってしまう人もいるだろう。「こんなつまらないものを送ってくるなんて」と思いながらも、礼状を書かないわけにはいかない。そして「とても嬉しい品をお送りいただき、ありがとうございます」などと書いてしまう。互いにその繰り返しだから、いつまでも関係を終わらせられない。

SNSの友だちリクエストが来たので、断るのも悪いかと思って承諾したものの、投稿される内容にうんざりしてしまう人も多いと思う。

たまにであれば、知人のアクティブな姿を見られるのは嬉しい。しかし頻繁にＳＮＳに華やかなイベントをアップされると、見せられた側はみじめに思えてくるかもしれない。高そうなレストランの料理、海外旅行での買い物の様子など、投稿している相手は何の気なしに載せているのだろうが、平々凡々と質素に暮らしている人は妬《ねた》みを覚えかねない。

もっと厄介なのは、冠婚葬祭くらいでしか顔を合わせない親族だ。もちろん、中にはずっと親しくして死ぬまで付き合いたいと思っている親族も多いだろう。しかし、とくに世話になった関係でもない地方に住む高齢の親族と、都会に住むひと世代下の親族のやり取りともなると、共通の話題もほとんどない。交流を続けていくのは負担が大きい。

そのような人間関係は無理に続けないのが正解だと私は考えているが、なかなか思い切れずにいる人もいるようだ。関係を悪くしないまま疎遠になりたいが、どうすればいいのか分からない――そんな心理なのだという。日本人は関係を悪くすることを好まない。遠ざかるにも、にこやかなままでいたいと望みがちだ。

「感じよくする」などと考える必要はないと思う。感じよく振る舞っているうちは、相手は「距離を置きたい」という本意を理解してくれない。いつまでも関係を切ることができずに、それがさらなるストレスになる。「感じ悪い人」と思われようとも、そんな悪循環は断ち切るほうがいいだろう。何度か便りをもらっても返事をせず、プレゼントが届いてもお返しはしない。SNSは簡単だ。閲覧できないようにすればいい。不義理に思えるかもしれないが、すっきりするためにはやむを得ない。

手帳でも携帯電話の電話帳でもいいから、上から順番に「この人と死ぬまで仲良く付き合いたいか?」——そう自分に問いかけてみてはどうだろう。実はそういう人はほんの数人、ほとんどの人は「どっちでもいい」となるのではないか。

「真面目」という言葉に潜む罠

真面目は「褒め言葉」と多くの人が思うだろう。

言いつけをよく守り、一所懸命に頑張って目標を達成する、言われたこと以上のことをして、期待されていた以上の成果をあげる。

日本人は真面目だと評される。言いつけを守ることに懸命だといわれる。車がほとんど通らない道でも、律義に歩道の赤信号を守っている人が多い。規律を守り、努力し、頑張るという精神は、明治以降の日本人の長所だった。戦後の高度経済成長を牽引したとも思う。

裏返すと「不真面目」「サボる」といったことは日本社会で嫌悪されてきた。指示をしっかり守らないと、周囲の足を引っ張る。場合によっては、その集団を危機に陥れることもある。だから不真面目な人は「組織人失格」の烙印を押されたりもした。

だが、少しばかりの不真面目さであれば、自分の評価はいくらか下がるくらいで、周囲に迷惑をかけることもないだろう。

私は真面目を称えるのはある種の「ごまかし」だと考えている。上の者の言いつけをよく聞き、先回りして行動に移す真面目な人は、「使いやすい人間」にほかならない。駒として役立つ人であり、さらにいえば使い捨てもできる人でもある。

最も真面目な存在とはロボットだろう。指示をインプットされ、それに基づいて熱心に仕事をこなす。進化したＡＩなら意図を理解したうえで、指示以上の成果をあげる。

私の知る範囲でいえば、大企業でトップまで昇り詰めた人、起業して成功した人、フリーランスで活躍する人には、いわゆる「真面目人間」がいない。律義に何かに取り組むよりも、独創的なことに時間を費やす。一般的には不真面目、怠け者に見えたりする人だ。

私はある「真面目人間」を知っている。

20歳をすぎて来日した外国人研究者で、日本語は完璧どころか微妙なニュアンスを含めて、インテリの日本人よりも優れた言語感覚を持っている。私もしばしば彼に日本語表現の深さを教えられるほどだ。研究にも熱心で、仲間からも信頼され、好かれている。

だが、一つ大きな〝欠陥〟がある。あまりに真面目すぎるのだ。才能にあふれているのに傲慢になることがない。上の者の指示をきちんと聞き、異論を唱えることなくきちんと取り組む。すべての仕事を期待以上にこなすが、それを自慢しない。

有能で実直、そして正確だから、次々と仕事が回ってくる。彼は文句ひとつ言わず（正確には、ごく一部の人には愚痴を言っていた）、指示どおりに作業する。やがて自分の研究時間は削られ、与えられた作業をこなすばかりになってしまった。

私は彼にもっとサボるように、もっと怠けるようにとアドバイスしたのだが、彼はその忠告を「悪魔の囁《ささや》き」のように受けとめたようだ。

能力を発揮するには、真面目の殻を破るべきだと思っている。真面目には限界がある。限界を突破するには、真面目さを超える必要がある。

趣味を渡り歩くのはもったいない

先に述べたように、「真面目がよい」というのは、会社や組織における〝好都合な評価基準〟という側面がある。もちろん仕事をしているなら、相応の真面目さがないと給料も上がらず、出世もできない（ただし、真面目だけで出世するには限界がある）。

だが、すでに退職した年配者であれば、そうした真面目さはあまり意味を持たない。

家庭内や地域の集まりでの作業などでは、真面目に取り組もうが少々怠けようが大差はない。誰にも迷惑はかからない。まれに少しばかり迷惑をかけたとしても、大きな問題にはならない。肝心なところだけきちんとやれば、おそらく誰も文句は言わないだろう。サボりながら要領よく片付ければ、それでいい。

第2章に登場したように、真面目に取り組んで自分の能力を見せつけようとすれば、むしろ嫌われかねない。家庭やリタイア世代の集まりに会社組織の美徳を持ち込めば、煙たがられてしまうだろう。真面目であろうとすればするほど、気を張りつめ、エネルギーを注ぐことになる。それは精神的負担が大きい。

真面目な人がやりがちなのは、無意識のうちに「不真面目」を攻撃する行為だ。真面目な人は、他人が不真面目であるのを許せない傾向がある。「気軽に、ほどほどに」で集まっていた集団に、無用な亀裂を生んでしまうのだ。


真面目な人は目標を定め、それに向けて努力して、初心を貫徹しようとする。途中で挫折することを敗北と考え、最後まで頑張ろうとする。

だから趣味を楽しもうとしても、勤勉さから逃れられない。

そうしたタイプの年配者の特徴は、「趣味をつくりたい」と考えることだ。だから真っ先に道具一式を買い、参考になりそうな本を読み漁る。

そもそも私は「趣味をつくる」という発想自体、どうも理解できない。趣味というのは、もともと関心のあること、好きなことをすることであり、わざわざ「つくる」ものではないはずだ。「趣味をつくる」と表現する人は、読書、音楽鑑賞、釣り、楽器演奏、刺繍、囲碁、将棋など、一般的に趣味として認知されている娯楽やレジャーしか考えていない。だから道具などの形から入り、ネットや本でその楽しみを学ぼうとする。実はもともと自分が好きなことでさえないのかもしれない（さすがに嫌いではないだろうが）。

いくら退職前は忙しかったとしても、好きなことはあったはずだ。すくなくとも社会人になる前、学生時代に何かをしていただろう。

ところが「趣味とはかくあるべし」「高尚な趣味だと言われたい」という考えが先に立っているから、「クラシック音楽を嗜《たしな》みたい」などと言い出し、よく分からないまま数十枚組のCDボックスをいくつも購入する。さらには専門書を何冊も購入して知識をたたき込もうとする。自分好みの音楽から聴き、それを楽しんでから次の段階に進んで、領域を広げていってこそ心から趣味に没頭できるようになる。それなのに最初から上級者を気取りたいと思っても、それは楽しんでいることにはならない。

クラシックの〝試験〟と勘違いしているのだろう。学生時代の受験勉強のように趣味に向き合っても、プレッシャーを感じるだけだ。やがてこのタイプの人は、同じ趣味の人と競い合って知識をひけらかし、「勝った、負けた」という意識を持つ。そして誰かに負けると、「もう、いいや」と脱落していく。

実際、次々と趣味を変える人がいる。クラシックの次はシャンソン、その次はミュージカル、文楽、歌舞伎……ざっくり同じ領域を渡り歩く人もいるが、スポーツ観戦、手品、旅行、釣り……と、脈絡なく食いつく人もいる。

どちらにしても「たくさんの資格を取る」という感覚で趣味に〝挑戦〟しているのだろう。そして合格した途端に、次の検定を目指すように、別の趣味に走っていく。

それで楽しめているのなら、周りがとやかく言うことではないが、私からするとあまりにもったいない。せっかく自由な時間ができたのに、一つの領域でもっともっと楽しめることがあったのではないか。たった数か月、数年で通過してしまったら、最高の楽しみを味わえないではないかと思ってしまう。

趣味の世界は、サメテガルの精神に近い。必死になりすぎては楽しめなくなってしまう。続けてもいいし、やめてもいいという前提で気楽に接する。だからこそ楽しいのだ。

70すぎても「合格」が生き甲斐?

趣味選びを試験や資格にたとえてみたが、実際に資格検定を受けまくる年配者もいる。世の中には数え切れないほどの検定や資格がある。英語検定、漢字検定、フランス語検定、ドイツ語検定、京都検定、東京検定……。医師国家試験や司法試験あたりはあまりにハードルが高いとしても、司法書士、行政書士、社会保険労務士、宅地建物取引士、土地家屋調査士などは熱心に勉強すれば手が届かないほどでもないようだ。日本語教師、社会福祉士などの国家資格も人気だという。

そして定年後の年配者には、試験勉強をする時間がたっぷりある。私の知人にも定年後に行政書士試験に合格し、70代になっても資格を活かして仕事をしている人がいる。それは素晴らしいことだと思う。

私はしばらくの間、外国人留学生を対象とする日本語学校の校長を務めていたが、日本語教師資格を取得する年配者を何人か見てきた。これもやり甲斐のある仕事だと思う。

一方で年配者の中には、検定マニア、資格マニアがいるようだ。

資格を取得して、それを仕事に使うのならいい。あるいは漢字検定を受けて、漢字の奥深さを味わうのならいい。

ところが検定に合格することを目的にして、せっせと勉強する人がいる。目標を達成することを楽しんでいるのだろうか。目標がなければ生き甲斐を得られない。だから、検定という分かりやすい目標を設定する。その目標を達成すると、その分野には関心がなくなるので、別の資格を探して、今度はその勉強をする。ボケ防止にはなりそうだが、それが生き甲斐なのは寂しいと私は思う。

せっかく現役生活を終えたのに、まだ利益追求と競争原理に囚われている。そして受験勉強のように検定をこなし続ける。私に言わせれば、労力の無駄、時間の無駄だ。65歳をすぎて取った資格で仕事に活かせるものがどれほどあるのだろう。行政書士や日本語教師であれば収入や若者の育成という大事な仕事につながるかもしれないが、次々と取れてしまうような資格の大半は、ほとんど役に立たないのではないか。

検定や資格の勉強をするのであれば、「合格しようと落ちようと、どちらでも構わない。楽しめればいい」という程度であってほしい。老後の楽しみとして検定を受けようと思っているのであれば、それで十分だろう。

「パッシブ・シニア」として過ごしたい

「アクティブ・シニア」という言葉がある。意欲的かつ活発に仕事や趣味に取り組み、さまざまな活動をする年配者を指す。

久恒啓一氏（多摩大学名誉教授）はともに大分県中津市で小学生時代を過ごした幼馴染みにして良き先輩であり、畏友《いゆう》であるが、「アクティブ・シニア革命」なる雑誌を創刊して、シニア世代がアクティブに生きることを提唱している。好奇心にあふれ、新しいことを次々と取り入れ、若者よりももっと最先端の文化的活動に取り組もうとしている。

素晴らしい試みだと思う。年配者が先頭に立って活動できる分野はある。この活動に参加する年配者は、若者に負けない体力とエネルギーを持っているのだろう。

ただし――。

久恒氏には申し訳ないが、私がこの活動に加わることは勘弁してほしい。私にはそんなエネルギーはない。将来性があるとも思わない。これからますます意欲が衰えるのは自分で分かっているから、果敢に未来に挑戦しようという気持ちにはならない。そもそも私が活動に参加するとなると、かなり無理をすることになる。それなら将来のある若者に関わってほしいと考えてしまう。

社会に何らかの形で貢献するとすれば、私はサメテガルの精神に則って、自分に気楽にできる領域を選ぶ。自分でも関われる狭い世界で、気が向いたときに人の役に立つことをする。

アクティブ・シニアをもじって言えば「パッシブ・シニア」だ。積極的には活動しない。むしろ消極的で、受け身だ。何か私でも役に立てそうだと思ったら対応する。しかも、

「対応しなくてもいい」くらいのスタンスだ。ましてや先頭に立とうなどとは考えない。大勢がどうあれ、自分はそれとは無関係に気楽に進みたい。肩の力を抜き、サボりたい。ときにはサボり、遊びたいときに遊ぶ。

もちろん何か生産的なことをしたくなったら、それに関わるかもしれない。そうやって何か社会に貢献できればラッキーで、お役に立てなくてもしょうがないと考える。

もっとも、そんな時間があるなら趣味の世界に浸《ひた》りたい。私は10歳のころに音楽に目覚め、それ以来ずっとクラシック音楽に親しんできた。演奏者ではないから、技術を高めるための練習は必要ない。知識を増やす必要もない。現在は年に100回近くコンサートに出かけているが、脚力が弱ってホールまで出られなくなったり、経済的にチケットが買えなくなったりしても、自宅で鑑賞できる。

心配なのは、私の母と祖父が晩年、耳が遠くなったことだ。遺伝だとすれば、私もそうなってしまうのかもしれない。でも、その場合は音楽を諦めて、読書や映画鑑賞に時間を使うつもりだ。私は読書や映画鑑賞も、音楽鑑賞と差がないほど昔から好きだったから、音楽の代わりの趣味になるだろう。

ライフワークを持つことも大事だと思っている。

私の場合、これまでかなりの数の本を出してきたが、まだ本当に書きたいものを書いていない。編集者に話したことがあるが、売れるはずがないと言われて却下されてしまった。もしそのテーマを書き終えたら、自費出版でもいいと思っている。子どものころから心の中に密かにため込んできた、昔の思い出を形にしてみたい。

もう一つある。私は学生時代の一時期、仏教に惹かれて、老後には本格的に仏教を学びたいと思っていた。ただ、ちょっと仏教書を繙《ひもと》いてみると思っていたよりもはるかに難しい。70代の頭脳ではついていけないのではないかと恐れている。それなら、せめて仏閣や仏像を写真に収めよう。それも楽しいことだと思う。

とにかく私には気楽に楽しめることがあり、これから楽しみたいこともある。サメテガルの効能だと思っている。

第5章

サメテガルな「書き方、話し方」講座

「書く力」と「話す力」は通底している

サメテガルな生き方、振る舞い方については、前章までに「サメテガルではない行動」を数多く例示しながら説明してきた。

それでは「サメテガルな行動」はどのようにすればいいのだろう。本章では、サメテガルな発信・受信に絞って考えてみたい。

私は40年以上前から大学入試の小論文指導を行い、その後、小学生から社会人までの作文などの文章術を指導し、数えきれないほどの参考書を書いてきた。また、会話術についての著書も多数ある。言ってみれば、物書きであるより前に私は文章指導者であり、文章指導こそが私の専門領域だ。

よって本章では、サメテガルにふさわしい文章術・会話術について説明したい。本書をお読みくださっている人のほとんどは、すでに高度な文章力や会話力を習得されていると思うが、もしかしたらサメテガルにふさわしくない書き方や読み方、あるいは話し方や聞き方が定着してしまっている人も多いかもしれない。

したがって、ここでは初心者を想定して、「基礎」から解説させていただくことをご容赦願いたい。

文章と会話、どちらを重視するべきか。どちらを先に身につけるべきか。私は、それこそ「どっちでもいい」と思う。人見知りで、会話よりも文章を書くほうが気楽だという人がいる。逆に、文章を書こうとすると構えてしまうので、会話のほうが気楽だという人もいる。だから、好きなほうからやればいいだろう。

ただ、私自身は文章で少し試してから、会話に移るほうが安全だと思っている。

私の知り合いに「文章は苦手なので、話をするほうがいい」という人が何人かいるが、確かに、たまにその人たちの書いた文章を読むと、何を言いたいのやら分からない。展開が行ったり来たりして意味不明だ。もっとも、そういう人は話が上手かというと、どうもそうでない気がする。

それなりにうまく話せていると思っているのは本人ばかりで、語る内容は文章と同じで、あまりに未整理。聞かされているほうは、文章を読まされるときと同じように、頭を抱えている、ということがよくある。

文章をまとめることのできる人は、分かりやすい会話ができる。文章をまとめることのできない人は、きちんと会話をまとめることができない。文章と会話の能力は通底している。

まずは文章で少し試して、その後、会話で実際に使ってみる。そうすることで、多くの人がスムーズに文章力と会話力を養うことができるようになるだろう。

文章による発信と会話による発信は基本的には大きな違いはない。ともに他者と交流しながら、何かを報告したり、自分の印象や意見を語ったりするものだ。

だが、いくつかの点で違いがある。

文章（メール、SNS、手紙など）は、基本的に一度発信したら消すことができない。しかも、相手はリアルタイムで反応しない。タイムラグがある。つまり、相手を傷つけるようなことを書いても、それにすぐに気づけない。相手の顔の表情が分からないので、自分の文章を相手がどうとらえているのかも分からない。その意味では危険を伴う。

しかし半面、文章には「読み返せる」という大きなメリットがある。話し言葉はすぐに消えてしまうが、文章は残る。だから推敲できる。「推敲」などという大層な言葉を使う必要もない。読む人の身になって読み返してみればいい。

そうすると、時に「こんなことを書くと、読んだ人は傷つくかもしれない」「誤解されるかもしれない」という箇所が見えてくることがある。

読み返した後、書き直すこともできる。これも大きなメリットだ。よくないところを修正し、もっと分かりやすく、もっと好感を持たれる文章に改めることができる。

サメテガルな文章「7つの心得」

サメテガルにふさわしい文章を書くための心得を挙げてみる。

◆心得①＝丁寧な言葉遣い

サメテガルな生き方においては、「フラットな関係」が理想だ。現役時代ではないのだから、上司・部下のような関係を続けるのはなるべく避けたい。したがって、上司が部下を叱るような文章や、部下が上司におもねるような文章を書くべきではない。

また、「幼稚極まりない」「低劣な考え方」「バカ丸出し」というような相手を愚弄するような表現も用いるべきではない。もちろんマウントを取るような表現も好ましくない。そのため、原則として誰に対しても敬体（です・ます調）を使うのが望ましい。そうすることで、誰に対しても敬意をもって丁寧に文章を綴ることができる。

◆心得②＝簡潔であること

時候の挨拶や持って回ったお礼の言葉などは要らない。そのような気遣いは上下関係が存在するために起こる。そのような気配りをすることによって、フラットな関係が崩れてしまう恐れもある。そもそも、気遣いをすること自体めんどうくさい。方々に気を遣って結局何を言いたいのか分からないような文章を書くべきではない。また、長い文章になるほど、そこには自慢話や苦労話が盛り込まれがちだ。

◆心得③＝決めつけない

何事も決めつけない。「こうに決まっている」「そんなこと、分かりきってる」といった言葉は使わない。自分の書く文章についても、それが絶対的に正しいという前提に立つべきではない。自分の意見についてもあくまで一案として示し、最終的な判断は読み手との相談のうえで決める形をとる。

使われるデータは、「決めつけたもの」ではなく、「正確なもの」でなくてはならない。「最近の若者はこうだ」と決めつけるのではなく、それを自分で見たのかどうか、きちんとしたデータがあるのかどうかを確かめたうえで書く必要がある。

◆心得④＝批判の文章は実名で

年配者が文章を書く場合、その内容は意見交換や勧誘、報告であることが多く、現役時代のように相手を説得したり説き伏せたりするような内容は少ない。つまり、理詰めで相手を言い負かす目的の文章はほとんどない。

しかし時には、他者への批判を書くこともあるだろう。そのような場合、たとえSNSなどに書くにしても、実名で書く必要がある。誰かを褒める際には匿名でも構わないが、批判するときには、批判された人に反論の余地を与え、読んでいる人に賛成・反対の意見の選択を与えなければ、一方的になってしまって「どっちでもいい」というサメテガルの前提に立てない。匿名での批判は、攻撃された人は反論も弁解もできず、第三者も判断ができなくなる。

◆心得⑤＝正確に読み取る

誰かの意見に対して返事を書く場合、まず相手の文章を正確に読み取る必要がある。歪《ゆが》めてとらえてはならない。悪意や批判などが感じられても、そうとは決めつけない。何か事情があるのかもしれない。必要なら、真意を確認してもいいだろう。「自分への攻撃に決まっている」と思い込んで、直情的に反撃しないように心掛けたい。

◆心得⑥＝難解な表現は使わない

小説やエッセイを書くのであれば自分好みの表現で構わないが、他者と交流するための文章では、凝った表現を用いたりするべきではない。そのような表現を用いると、独りよがりになり、自分の世界に入ってしまう恐れがある。自分ではそのつもりがなくても、読んでいる人にそう思われる恐れがある。

また、尊敬語や謙譲語などの過度な敬語表現も必要ない。丁寧語だけで十分だ。尊敬語や謙譲語が入ってくると、日本語の場合、上下関係が生じて厄介なことになる。年配者同士のコミュニケーションは何よりもフラットで、分かりやすさを優先するべきだ。

◆心得⑦＝必ず読み返す

先述したように、文章で書くメリットの一つは「読み直せる」ということ。そのメリットをしっかりと活用すべきだ。

一対一のやり取りではなく、複数の読者を想定しているときは、読者それぞれの立場になって読み返してみるのが望ましい。自分のような人間だけでなく、全く別の境遇にいる人がどのように読むかを想像してみる。そうすると、文章の問題点が見えてくることがある。そのうえで、必要に応じて修正する。

文章は「型」で整理すると分かりやすい

小論文を指導するにあたって、私は以前から、「型」を利用して書くことを勧めている。

「型」というのは、いわば論理手順だ。論理的に人に説明するには、それに適した手順がある。手順を守って書くと、分かりやすくなり、説得力が増す。サメテガルな文章術でも、それは変わらない。

型は絶対的なものではないので、窮屈さを感じる人は、型を崩してもかまわない。だが、型を意識して書けば、分かりやすい文章ができる。日常使いでは、それで十分だろう。

私は文章の書き方として3つの「型」を推奨している。

●A型＝短い報告に使いやすい「頭括型」

おそらく、多くの人は意識しないまま普段からこの型を使ってきたと思う。しかし、改めて型を意識すると、常に論理的に書くことができるようになる。とりわけ事務的な報告や連絡、告知などの場合は使い勝手がよい。

★第①パート＝ずばりと言いたいことを書く
★第②パート＝第1パートで書いたことを詳しく説明する

〈例文〉

明日、休ませてください。＝①

娘一家と二世帯住宅で暮らしているのですが、孫2人と娘がインフルエンザにかかってしまいました。幸い、私の体調は問題ありませんが、明日は娘に代わって保育園の手続きに行かなければならなくなりました。ご容赦ください。＝②

●B型＝結論を最後に書く「尾括型」

A型と同様に短い報告文の場合に使うが、A型とは逆の構成になる。最初から結論を伝えると、ぶっきらぼうに思われたり、相手の気を悪くさせたりする恐れがある場合には、この型が使いやすい。

★第①パート＝主張に至るまでの根拠などを説明する

★第②パート＝第1パートから導かれた結論を書く

〈例文〉

娘一家と二世帯住宅で暮らしているのですが、孫2人と娘がインフルエンザにかかってしまいました。幸い、私の体調は問題ありませんが、明日、娘に代わって保育園

の手続きに行かなければならなくなりました。＝①
　そのような事情ですので、明日、休ませてください。＝②

「確かに、しかし」を意識する

　短い文章の作成であればA型とB型を使いこなせれば十分だが、本書のテーマにおいて私が最も意識してほしいのはC型だ。

●C型＝相手の意見を尊重する「サメテガル型」

　こちらはほとんどすべての文章を書く場合に使えるだけでなく、結論を決めつけず、かつ相手を尊重している姿勢を伝えることも可能になる。したがって、サメテガルな文章にふさわしい。
★第①パート　結論を示す
★第②パート　「確かに、しかし」のパターンを用いて反対意見を踏まえたうえで自分の意見を示す

★第③パート　自分の意見を説明する
★第④パート　改めて意見を求める

〈例文〉

次回の集まりでは、都電荒川線に乗って面影橋《おもかげばし》付近の花見を企画したいのですが、いかがでしょうか。＝①

ほかにも目黒川の花見や、桜の名所が多い川越地区の食べ歩きなどの提案があり、それらも候補として魅力的だと思います。ですが、今回が最後の参加となる○×さんの青春の思い出の場所ということですので、私としましては面影橋を提案します。＝②

神田川に架かる風流な橋の近くは花見の名所として知られていますが、目黒川や川越ほどの人出ではないので、ゆっくり夜桜を楽しめると思います。＝③

皆さん、いかがでしょうか。ご意見をお聞かせください。＝④

最大のポイントは第②パートの「確かに、しかし」だ。例文の第2段落にある「ほかにも……ですが」が、「確かに、しかし」のパターンになっていることがお分かりいただけるだろう。これこそが「サメテガル文章術」の極意といえる。結論を一つに決めつけず、ほかの可能性もあること、場合によってはそちらでもいいことを示している。

「確かに、しかし」という堅い表現である必要はない。「～～なのは事実です。しかしながら～～」「～～という考えもあるでしょう。ただ～～」「もしかしたら、このようなことがあるかもしれません。でも～～」「ほかにもいろいろな考えがあるでしょうが」なども同じ効果があり、いずれも自分の提案や意見に対する反論や留保を、前もって示している。

C型には、サメテガルの精神に即した4つの効用がある。

◆効用①＝「一方的ではないこと」を示せる

多方面から考えた結果だということを相手に伝える。一方的に、自分の意見だけが正しいと信じて語っているのではなく、ほかの考え方も踏まえたうえで深く自分の考えを導き出したと暗に示すことができる。

「確かに、ほかにもいろいろな考え方があるだろうと思います。しかし、私はこう考えるのです」とするだけで、一方的にならずに済む。文章を書く時間と労力に余裕があれば、「確かに」と「しかし」の間をもう少し詳しくするといい。ほかの考え方にも理解できる点があることを具体的に示せば、いっそう説得力が増すだろう。

●効用②＝「完璧ではないこと」を示せる

自分の考えにまだ不足があることを伝える。言い換えれば、自分の意見が絶対に正しいとみなしていないことを明確にする。これからまだ考えなければならない余地を残した暫定的な意見であることを示したうえで、読み手の判断を仰ぐ形をとる。

「確かに予算面などにつきまして、まだまだ詰めなければならない点があります。しかし、方向としてはこうするのがよいと思います」などという使い方となる。

●効用③＝「部分的な賛否」を示せる

どうしても相手に反論したり、相手を批判したりする必要がある場合、相手の言い分を認めることも大切になる。「確かに、あなたの言いたいことは分かります。しかし～～」

というパターンで書き進める。こうすることで相手を否定せず、部分的に尊重したうえでの反論になる。

応用としては、「全体的には賛成です。しかし、この部分には反対です」というように、部分的に修正を求めることもできる。

●効用④＝相手に「逃げ道」を与えられる

相手を注意したり、意見を否定したりする必要のあるとき、その相手を追い詰めないことも大切になる。

「お忙しくて時間がなかったのだと思いますが、大事なときに遅刻されては困ります」

「上級者の方々にとっては大変素晴らしいご提案だと思いますが、初心者が大半である状態では難しすぎるのではないでしょうか」といった使い方になる。

このような効果があることを意識したうえで、文章を書くとき、常に「確かに、しかし」というパターンを加えるように決めておく。そうすると、自分の考えが絶対ではなく、相手にも言い分があること、ほかにもさまざまな考えがあることを「自分に」思い出させることができる。そうすると独りよがりな文章にならなくて済む。

個人的な事柄を添える際の注意点

事務的な連絡や告知の場合には、必要なことを端的に示すだけでよいだろう。しかし、個人的なお知らせなどであれば、冒頭か最後に少しだけでいいので、文章を送る相手やグループが共有できる事柄を交えると好ましい。

1行か2行で十分だが、読んでいる相手を思い浮かべて書き加える。そして相手を和ませ、ほっこりさせるように努める。ただし、連絡の主旨が分かりにくくなるので、個人的な話を長々とする必要はない。

相手が一人のときには、「この前のお店にまた行きたいですね」「次回こそは、こないだみたいなことのないようにしましょう」「風邪はもう治りましたか?」などで十分。このように相手と共通のエピソードを入れると、「あなたのことを大切に考えている」というニュアンスが伝わるだろう。

ただし、自分本位になってはいけない。異なる価値観の持ち主がいるかもしれないと配慮する必要がある。

たとえば、高校のクラス会の幹事になって同窓生に連絡する場合、「今度は、みんなでとことん飲み明かしましょう」と付け加えれば、お酒を飲まない人は不快に思うだろう。「二次会はみんなでカラオケを楽しみましょう」と添えると、カラオケ嫌いの人は足が遠のくかもしれない。

それでは「多くの人で再会する」という案内の主旨と逆になってしまう。

個人的なことを加えるということは、「書いている内容が、読んでいるすべての人にとって不適当でないかどうか」を、自分自身で確認するための作業にもなる。

読み手への配慮の大切さについて説明したので、続いては「サメテガルな読み手」になるための4つのコツを示そう。書き手だけがサメテガルを意識しても、読み手にその意識がなければ文章のやり取りは心地よいものにはならない。

◆読み取りのコツ①＝「型」を意識して読む

先に挙げたA型・B型・C型は普遍的な「文章の型」だ。だから、文章を書くときだけでなく、読むときにも役立つ。下手な人が書いた場合には各パートが入り乱れていたり、構成が歪んでいたりすることもあるが、ほとんどの文章はこの3つの型のどれかに近い。

それを理解して読むと、相手がどの部分で何を伝えようとしているのか、いちばん伝えたいことは何か、概ね理解できるようになる。

◆読み取りのコツ②＝「確かに、しかし」を意識して読む

私の文章指導の経験によると、読解力のない人の特徴は「確かに、しかし」のパターンを理解できていないことだ。多くの文章には何度となく「なるほど、こうかもしれない。しかし～～」「こんな面もあるが、半面～～」という表現が使われる。

読解力のある人は自然にそれを理解できるが、文章を読み慣れない人は「確かに、しかし」の組み合わせを分断しがちで、全体の文意を汲み取れなくなってしまう。

そこで「意識的に」追いかけてみる。そうすると相手の意図が明確になる。とくに「確

かに」の後の文章を注意深く読むと、相手が自分の意見にこだわらず、いろいろな可能性を踏まえていることを理解できる。言い換えれば、書き手の「サメテガル」の幅を理解できるようになる。

◆読み取りのコツ③＝「何に反対しているか」を意識して読む

人は自分の意見を述べるとき、必ず何かに反対している。「私はこう考える」と表明するということは、裏返せば「別の人の意見と違う」ということでもある。誰もが同じように考えているなら、わざわざ「私はこう考える」と表明する必要はない。

「皆はこう言うけれど、私はそうは思わない」「妻はこう主張するが、それはおかしい」という文章なら、反対相手が明示されているので分かりやすい。しかし、多くの意見表明では反対する相手を明示することなく、単に「私はこう思う」という書き方になる。そうした場合は、「この人は何に（誰に）反対しているのだろうか？」と意識して読むとよい。

そうした意見表明の文章の中に「確かに、しかし」にあたる部分があったら、そこに注目する。その人がどのような反対意見を前提して、自分の意見を述べようとしているのかを読み取ることができる場合が多い。

ただし、サメテガルを心得た文章の場合、反対しているとはいえ、それは猛烈に反対しているわけではなく、「どっちでもいい」のうちの消極的なほうの項目と理解しておくらいが望ましい。

◆読み取りのコツ④＝「決めつけがないか」を意識して読む

サメテガルを心掛けるなら、自分の文章に決めつけを書かないだけでなく、他者の文章の読み方でも慎重でありたい。しばしば文章の中には真偽不明の情報や、意外に多くの人が信じている間違った常識が入り込んでいる。そして、そうした誤解を根拠に「外国人は治安を乱す」「若者にはマナーの悪い人が多い」などと書いてしまう人がいる。

根拠が正確かどうかを慎重に見極めてこそ、文章の読解力を高めることができるだろう。

会話と文章の大きな違いは「即座の反応」

続いて「サメテガルな会話術」に移ろう。

会話の場合も、文章とほとんど同じように考えてよい。サメテガルな文章術の型や心得、コツは、ほぼそのまま「サメテガルな会話術」にも当てはまる。

会話でも文章と同じように丁寧な言葉遣いを崩さないことが大事だ。ただし、会話の場合には、その場に相手がいる。周囲が「俺・お前」という口調で話しているときに、自分だけ一人称を「私」にすると、むしろ不自然になる。昔からの友人、たとえば幼馴染みや学生時代の友人に対しては、「俺・お前」で話してもかまわない。

しかし、年を重ねてから知り合った人には、そのような言葉遣いは好ましくないだろう。お互いにぞんざいな言葉を使い合うのならまあいい。ところが、2人で話しているのに一人は「お前」と呼び、もう一人が「あなた」とか「○×さん」と呼ぶような会話を耳にすることがある。本人たちにその気はなく、あるいはそれぞれのキャラクターに基づいているとしても、それはフラットな関係でなくなってしまう。

また、適度な距離感を保つためにも丁寧な言葉遣いが望ましい。相手が「俺・お前」で話しかけてきても、「私・あなた」という呼び方で接しておけば、ほとんどの場合、相手は意図を理解してくれるだろう。

会話の場合も、文章と同じように「3つの型」を意識すると意思疎通はうまく進む。逆に意識しないと、同じことを繰り返したり、話が途中でずれたりする。

文章と同じように、「確かに、しかし」のパターンも活用できる。むしろ会話においてこそ、「確かに、しかし」は魔法の構文だ。2人で話しているとき、「おっしゃる通りですね。でも~~」などと使う。相手を尊重しつつ、自分の意見も表明できる。

ただし先に述べた通り、会話の場合は文章と違って、即座に相手の反応がある。すべてを言い終わらないうちに相手が返事をしたり、反論したりする。相手がせっかちだと、「おっしゃる通りですが……」で話を遮り、「そうでしょう。あなたも私の考えに賛成してくれますよね」と言い出すことがある。そうなってしまうと、「しかし」の後に続けようとした自分の意見が伝わらなくなってしまう。

会話はその言葉自体で成立するものではなく、双方のリズムやコミュニケーションも関わってくる。それが文章との大きな違いだ。その点に留意して、会話を進める必要がある。

肯定でも否定でもない「相づち」とは

会話というと、「話すこと」ばかりが重視されるが、大切なのは相手の話を「よく聞くこと」だ。相手の話を聞かなかったり、聞いていても誤解して受けとめたりしたら、会話は成り立たない。まさに独り語りの世界になってしまう。

サメテガルを心得ない人は、他人の話を聞かない。反対されているのに、賛成してもらっていると勝手に思い込んでしまう人もいる。周囲の反応を誤解したまま、話を勝手に進めてしまう人も多い。

サメテガルな聞き方のポイントに「上手な相づち」がある。相づちは「しっかり話を聞いていること」を相手に分からせ、しかも「話の内容を否定していないこと」も示せる。相づちがなければ、相手は話を聞いてもらえているかどうか不安になるだろう。会話を滑らかにし、心地よく会話のできる雰囲気をつくるためにも重要だ。

ただし、サメテガルな会話の場合、フラットな関係であることが前提だ。まるで部下が強権的な上司にするような、唯々諾々《いいだくだく》、あるいは即時全肯定の相づちではいけない。

それは「どっちでもいい」というサメテガルの精神にそぐわないだけでなく、しっかりと考えないまま賛成してしまうと、だんだん相手の話は一方的になり、自分が賛成できなくなったときに、軌道修正できなくなる。言葉で表現するなら〝ほう〟〝なるほど〟くらいのニュアンスの、肯定でも否定でもないような相づちで、きちんと相手の言葉を理解するほうが望ましい。

相手に対して同意できない、あるいは疑問を感じるという場合は、相づちの回数を減らしてみる。とくに相手が一方的に決めつけたり、攻撃的な言葉を交えたりするときには、意識して相づちを減らす。よほど鈍い人でない限り、完全には同意されていないことを察知するだろう。

相づちは回数の増減だけでなく、いくつかの「型」を覚えたうえで、変化をつけて繰り出せるとサメテガルな会話に役立つ。「確かに」「なるほど」「へえ、そうですか」「そうかもしれませんね」……首の動きや視線、表情などの組み合わせ次第で、柔らかくも円滑、それでいて誤解を生じさせないようになるだろう。

「質問上手」は会話上手

相づちと並んで重要な役割を果たすのが「質問」だ。会話であるからこそ、すぐに質問できる。そして質問があるからこそ、会話は成り立つ。これも文章との大きな違いだ。

いくつか質問の役割を整理してみよう。誰もが無意識のうちに質問しているが、少し意識して使ってみると、きっとサメテガルな会話の達人に近づけるだろう。

◆質問の役割①＝ページめくり

たとえば「へえ、それからどうなりました」「それは、どういうことですか」などの言葉は、これまで相手が語ったことをまとめ、これから相手が話そうとしていることに興味を示し、続きを促すタイプの質問だ。

聞き手にその先の展開を想像してもらうために、あえて話し手が一息挟んでいることもある。そのタイミングで〝続きを聞きたい〟という質問をする。まるで本のページをめくるように。先に説明した「相づち」の延長線上にある会話術ともいえる。

質問されたほうは、先を話したくなる。分かりやすく、丁寧に伝えようという気にもなるだろう。相手を萎縮させずに話させるのも、サメテガルな会話術の大切なテクニックだ。

◆質問の役割②＝理解を深める

ひと通り相手が話した後、巻き戻して訊ねることもよい効果が期待できる。たとえば、「どうしてそんなことになったんですか?」という質問だ。

小説であれば作者が前もって状況を説明しておくべきだが、一般的な会話ではどうしても話し忘れや説明不足がある。それを質問するわけだ。〝あなたの話をもっと詳しく知りたい〟という意思も伝わるだろう。

また、相手の話が一方的だったり、決めつけていると思える部分があったりした場合も、「なぜそう思われたんですか? どんな理由だったんでしょうか?」という具合に訊けば、深く理解しようとする姿勢を示しつつも、相手の決めつけや誤解を指摘できるだろう。

◆質問の役割③＝話題を広げる

会話が噛み合わないのはよくないが、〝適度な脱線〟はサメテガルな会話に役立つ。

夫婦で外食したという話であれば、「へえ、そのお店はどこにあるんですか?」と訊ねてみる。若いころにヨーロッパに旅行した思い出話であれば、「そのころのフランスは華やかだったでしょうね?」などと質問するパターンだ。

相手の話が面白くないときや、話が一段落ついたときに、本筋から少しそれた質問ができれば会話が広がる。とくに社交の場や、互いをあまり深く知らない関係の場合は、話を弾ませる質問になる。

本筋から「そらす」質問もできるといい。たとえばグループの中でごく一部の人だけしか興味のない話を始めたとき、あるいは一部の人には快くない方向で話が進んでいるときなどは、皆が関心を抱きそうな他愛もない質問を口にしてみると、サメテガルな雰囲気に持っていくこともできる。

◆質問の役割④=真意を探る

相手の言わんとしていることがよく理解できない——そんな会話はよくある。多くの人は〝会話の素人〟であり、講義や講演、プレゼンでもないのだから、「相手に分かるように話す」という意識はそもそも薄いだろう。

話し手のこだわりや主観で独特の思考回路になっていると、聞き手は話の筋道が辿れない。あるいは〝みんなが知っているはずだ〟と思い込み、前提を飛ばして話す人も少なくない。遠回しに誰かを批判しようとしているのは伝わっても、それが誰を指しているか分からない話もある。そうなると聞き手は、相づちさえ打てなくなる。

そんな場合には、相手の語ったことを思い出しながら、話を整理して「つまり、こう言いたいのですか？」「さっき話してたのは、こういう意味でしょうか？」という質問によって、相手の真意を探る必要がある。

ただし、やはり相手の話術の拙さを指摘するような訊ね方にならないように気をつけたい。とくに相手の話の曖昧な部分を攻撃するような指摘は避けるべきだろう。

◆質問の役割⑤＝反論を示す

話し手の意見の弱点や欠点に気づいたとき、ストレートに反論すると、会話が刺々《とげとげ》しくなってしまうことがある。そのようなときには、「このような問題が出てくるのではないですか？」という質問で指摘できる。

趣味の催しを屋外でやりたいと主張する人がいれば、「その日、天気になるという確証はないですが、対策は立ててますか？」と訊ねてみる。グループ旅行でバスを貸し切ろうとする人がいたら、「どのくらいのお金がかかるか、見積もりを取ってみましたか？」と質問する。

ここで大切なのは、あくまでも〝敵〟になろうとしないことだ。「あなたの意見を実現するには、まだ解決しなければならない点があるので、それを詰めないとなりませんね」というスタンスだ。あるいは「～～という意見も出てきそうですが、その場合はどう対応しましょうか？」という質問もできるだろう。

そうすれば相手を全否定することなく、反論にも気づいてもらえる。「どっちでもいいけれど、懸案は解消しなければなりませんね」という姿勢は、まさにサメテガルといえるだろう。

第6章

サメテガルは多様性尊重につながる

欧米は二項対立の世界

欧米人の考え方は「精神と肉体」「人と神」「男と女」「人と動物」「主体と客体」「我と他者」「有と無」「善と悪」「イエスとノー」というように、あらゆるものを二つに分ける傾向が強い。そうすることによって、物事を論理的、分析的にとらえるようになったといわれる。

科学的な精神を生み出したのも、そのような二項対立の思考法だった。主体（ものを見る者）と客体（見られている物体や他人）に分けて考えることによって、客体を観察できる。しかも客体を「男と女」「人と動物」などと分けることによって物事を網羅的にとらえることができる。さらに「有と無」を考えることで、分析的に現象を観察する。

たとえば、ヒトとサルの違いをとらえるにも、それぞれの肉体を各部分に分割し、「ヒトにあってサルにないものは何か」「それぞれの行動や機能にどのような違いがあるか」などを調べて整理すると、両者の違いをはっきりさせられる。このようにして科学は世界の仕組みや人間の仕組みを発見してきた。

西欧社会は科学的指向によってさまざまな世界の解明を行い、産業革命を成し遂げた。同じ基盤を持つ論理的思考によって、法体系に基づく近代社会を築きあげた。

一方、日本人は二項対立として物事を考えない傾向があった。そもそも明治以前の日本人は、「有と無」「善と悪」「美と醜」という分類を好まなかった。「有ったり無かったりする」「善いことも悪いこともある」「美しかったり醜かったりする」——そもそも有無や善悪は動詞や形容詞で表すだけであって、「有」「無」「善」「悪」「美」「醜」といった抽象名詞でとらえない。「善とは何か」「美とは何か」という問いを立てることもなかった。

有無、善悪、美醜を、おそらく日本人は連続的なもの、あるいは混じり合うものとしてとらえた。科学的（医学的）には明確に分ける必要のある「生と死」さえも、「幽霊」や「妖怪」のように「どちらでもあり、どちらともいえないもの」を介在させた。

よく言われるように、西洋では自然と人間を対立して考えるために、人間が自然を利用してもよいという考えを抱くようになり、自然破壊が行われた。それに対して、日本人は自然の中に人間が存在すると考え、自然を人間に対立するものと考えない。そのために自然破壊をすることがなかった——そのように説明される。

ところが明治以降に近代化、欧米化が進み、産業社会になるにつれ、抽象的概念を用いて二項対立をもとに考える傾向が高まった。自然破壊などもそれに伴って進展した。ただ、まだ多くの日本人は西洋的な思考を苦手として、多くの人の心の根底に日本的な思考法が残っている状況はあると思う。

傑作オペラ『ドン・ジョヴァンニ』が示すサメテガル

ここまで本書をお読みいただいた読者はお気づきだと思う。サメテガルは「二項対立を乗り越えることができる」考え方なのだ。

「どっちでもいい」「どちらも変わらない」という思考は、二つに分けることの意味を消してしまう。サメテガルはきわめて日常的かつ軽快に、西欧思考の基本である二項対立の枠組みを乗り越え、「みんな一緒」にしてしまう力を持っているといえる（サメテガルはフランス語ではあるのだが）。

その例がモーツァルトのオペラにある。

『ドン・ジョヴァンニ』はモーツァルトのオペラの中でも最高傑作の一つとして知られて

いる。ドン・ジョヴァンニをスペイン語読みすると「ドン・ファン」だ。女たらしのドン・ジョヴァンニが貴婦人を手籠めにしようとしてその父親を殺害してしまい、罰として地獄落ちする物語が、ダ・ポンテの愉快でスリリングな台本、モーツァルトの最高の音楽によって展開される。

その第一幕に、かつてドン・ジョヴァンニに捨てられながらも未練を断ち切れないドンナ・エルヴィーラが登場する。ドン・ジョヴァンニの従者レポレッロがドンナ・エルヴィーラに向けて歌う有名なアリアがある。

題して「カタログの歌」。レポレッロは、主人ドン・ジョヴァンニが関係を持った女性たちの目録を見せながらこう歌うのだ。

可愛い奥様。これが目録です、あたしの旦那が愛した女たちの。
このあたしが作った目録なんですよ、ご覧なさい、あたしと一緒にお読み下さい。
イタリアでは640人、ドイツじゃ231人、フランスで100人、トルコで91人、だがスペインじゃもう1003人。

そのなかにゃ田舎娘もいれば、下女もいるし、都会の女もいる。

伯爵夫人、男爵夫人もいれば、侯爵令嬢、王女さまもいるし、あらゆる身分のご婦人。

あらゆる姿かたち、あらゆる年齢のご婦人がおりますよ。

金髪の女にゃ旦那はいつでも優しさをほめたたえるのが癖なんです。

栗色の髪の女にゃ変わらぬ操を、銀色の髪の女にゃ親切な態度を。

冬にゃ太った女をおのぞみだし、夏にゃやせた女をおのぞみです。

大柄な女は威厳があるし、小柄な女はいつでも可愛らしい……

年とった女たちを征服するのは、リストにのせる楽しみのためでさあ。

でもあの方がいちばん熱中するのは、若く初々しい女の子。

お金持の女だろうが、醜かろうが、美人だろうが我は張らぬ。

ペティコートさえつけてりゃ、あの方がなにをするかはご存知でしょ。

〈海老沢敏・訳　名作オペラ・ブックス21「モーツァルト　ドン・ジョヴァンニ」音楽之友社より〉

この歌が語っていることをまとめれば、「ドン・ジョヴァンニは女とみれば手を出す男で、各地で合計2065人の女をものにしてきた。だからドン・ジョヴァンニに恨みを抱いても無駄ですよ」となる。

決して褒められた行為ではないので多少ためらいもあるが、これぞ「二項対立を超えた、サメテガルの一つの境地」を語っている。

レポレッロは、「田舎者も都会人も、身分の高い人も低い人も、若い人も老いた人も、太った人もやせた人も、大柄な人も小柄な人も」というように二項対立を示しつつも、主人であるドン・ジョヴァンニがそのどちらも関係を持ってきたことを語る。

平たく言えば「女なら何でもいい」。これぞまさに「どちらでもいい」「どちらもいい」という価値観にほかならない。

ドン・ジョヴァンニは財力だけで2065人の女性をものにしたわけではない。絶世の「モテ男」であり、貴族であって財力もあり、近づいてくる女性には事欠かない。それなのにあらゆる女性を崇拝し、熱く口説いて関係を持とうとした。

「どっちでもいい」は「多様性の尊重」

サメテガルは物事を「イコールだ」「どちらでもいい」とみなす。少し大げさに言えば、西洋の基本的な考え方である二項対立を無にしてしまうような考え方だ。

一般的には差異と見られていてもそれらは同等であり、差異を受け入れる。究極の多様性尊重といえるのではないか。

サメテガルの考え方は、20世紀中ごろから注目を浴び始めた文化人類学における「文化相対主義」に通底すると思う。この文化相対主義も、それまでの西洋的な考え方に風穴を開けるものだった。

19世紀のダーウィンの進化論の影響もあって、それまでの西洋の価値観においては、アフリカやアジアは劣った未開社会であり、それが徐々に進歩して西洋社会のようになるとみなされていた。

マルクスの共産主義は社会を改革して、抑圧された人民を解放しようとするものだったが、これもまた「未開社会→資本主義社会→共産主義社会」という進化論に基づいていた。

ナチズムも優生思想に基づいていた。

　ところが、1962年に文化人類学者レヴィ＝ストロースが『野生の思考』を発表する。この本の中では、著者は西欧絶対主義を批判し、未開と思われている民族の文化にも西洋と同じような隠れた論理があり、民族の文化に優劣はなく、ただささまざまな違いがあるだけである――と説いた。

　この書物が発端となって「文化に優劣はなく、すべての文化の価値は等しい」という考え方が広まっていく。いまやそうした考えはむしろ常識となり、文化進化論的な考え方は否定されつつある。

　まさに現在叫ばれている「価値観の多様性の尊重」という基盤をつくったのは、文化人類学の考え方だったといえる。

　サメテガルの考え方は、「どっちでもいい」「どちらでも同じ」を基本とする。「イエスかノーか」の命題については「そうであるかもしれないし、そうでないかもしれない」と考える。二者択一の命題については「どっちでもいいことだ。どちらも同等だ」とみなす。多数の選択肢が与えられた場合も、そのうちの一つだけを絶対的なものとせずに、すべてについて「どれでもいい」「どれも同じ」ととらえる。

「私にとって」が大切

ところで、多様性の尊重については大きな問題が横たわっている。

多様な価値観というのは、自分とは別の正義を認めるということだ。すなわち自分が許し難いと思っている相手（敵）の正義も認めることになる。

現代の日本では「何があっても人を殺してはいけない」と考えている。だが、「場合によって殺しても構わない」と考える民族もいる。それどころか、「殺すべきだ」「殺さなければならない」と考える民族もいる。いや、もっと根本的には、世の中には、「自分たちだけが正しい。自分たちとは異なる信仰を持つ人々を抹殺するべきだ」と考えている人たちが大勢いる。そんな価値観も認めるべきなのか。

そこまで極端でなくても、世界中には女性の権利を制限する社会がある。女性の教育や就職を制限するタリバンが支配するアフガニスタン、女性器切除などがまだ行われているアフリカ諸国などがその典型だ。そうした文化も尊重する必要があるのか。

たとえば夜中の公園に大勢で集まって、独特の臭いを発する料理をつくって騒ぐ外国人のグループがいたら、日本人のほとんどは我慢ならないだろう。いくらそれがその国の風習だとしても、多様性の尊重などとは言っていられない。日本の文化を強制したくなるだろう。

多様性の尊重だけを重視すれば、どんな非常識な考えも認めるしかなくなる。それを否定する論理的根拠がない。だが、その矛盾をサメテガルの考えは解決できるのではないかと私は考える。

サメテガルの考え方は、先ほど述べた通り、基本的に多様性を尊重する。すべてを同等に扱う。ただ、この言葉は「私にとって、そのことは同等だ」という意味であって、あくまでも「私にとって（m'）」である。

サメテガルは、自分に害の及ばない多様性を認めるのであって、自分に害を及ぼすものは同等とは認めていない。言い換えればサメテガルの精神は、人権を否定するような価値観、人格を否定するような価値観、多様性を否定するような価値観は認めない。それ以外の価値観を多様性として認めるということなのだ。

どんな服装をしていようと、どんな生活をしていようと、どのような嗜好、思想、趣味を持とうと、それが自分に害を及ぼしたり、自分が住む社会に害を及ぼしたりするものでなければ気にかけない。相手にとっては自分の価値観もまた異様なものに見えているのかもしれない、と考える。「どっちもどっち」なのだ。

ただし自分に害が及ぶ場合には、多様性を認めるわけにはいかない。その際には、自分に害が及ばないように、場合によっては武器をとって戦う必要もあるかもしれない。

とはいえその場合にも、相手にとっては自分も害をなす存在となっていることは認識しておくべきだろう。

「どちらもどちらだ。大きな違いはなく、どちらにも道理がある。だが、私の立場では、相手の価値観を認めるわけにはいかない」——そう認識する必要がある。

ピアフが辿り着いた「許し」の境地

私は「サメテガル」を、現実の生活を手軽に生きるための一つの指針として示してきた。

「サメテガル」を心得ないために老害をまき散らす年配者がいる。サメテガルを心得れば、そのようなことをしなくて済み、気楽に生きることができる。白黒つけようとする因習、こだわろうとする因習、頑張ろうとする因習をなくせば、気楽にストレスなく生きていける。サメテガルを心得れば多様な価値観を認めることができる――そう説明してきた。

それらはすべて「サメテガル」を一つのテクニックとして生きる方法を提案したものだった。そして十分ではないにせよ、私自身もすでに心掛けて実践している。

ただし、「サメテガル」は単に生きるためのテクニックにとどまらない。サメテガルの生き方をもっと深く考えると、究極の境地に辿り着くのではないだろうか。

私自身、まだそれを実践できていない。それどころか、私が到達できるかどうかも分からない境地をこの言葉は示している。

その一つは、第1章で示したエディット・ピアフのシャンソンの歌詞に示された境地だ。

〈私は何も悔やんではいない　私がされたよいことも　悪いこともみんなどちらでもいいこと！〉

言い換えれば「許し」ということだろう。私をひどい目に遭わせた人がいる。その人も、私によいことをしてくれた人と変わらない。同じように、私という人間をつくってくれた。私が現在あるのは、そのような人たちのおかげだ。むしろ感謝してもいいのではないか。

それに、私もきっと誰かに対して許してもらえないような悪いことをしたかもしれない。実は全く覚えがないわけではない。許されるものなら許してほしいと思っていることがいくつかある。

許してほしいと思うだけではあまりに身勝手なので、私が自分にされたことを許してもいいだろうとは思う。

とはいうものの、実は私はまだその境地にはなれない。頭では分かっている。だが、もう少し時間が必要だ。もう少し時が流れ、もう少しサメテガルの精神が私の心の奥の奥にまで浸透すれば、私はピアフの心境になれるかもしれない、そう思っている。

生と死は対立するものなのか？

もう一つの境地、それは死にまつわるものだ。これは私自身の体験をもとに書かせていただく。

私は3年前の夏、妻をがんで亡くした。私よりも10歳年下だった。妻は悟った人間ではなかったし、人格者でもなかった。むしろ怒りっぽく感情的で、困ったところもたくさんあった。ところが、妻はがんを宣告されても、治療がうまくいかずに再発しても、最後にはホスピスで息を引き取る間際でも、病や近づく死に対して全く動じなかった。私にも子どもたちにも弱音を吐かなかった。平気な顔でいつも通りの生活をし、テレビを見て大声で笑い転げ、ニュースを見ては辛辣《しんらつ》な意見を口にし、いつものように眠りこけた。きょうだいや友人にも大袈裟に知らせないようにと言いながらホスピスに入った。そして、最後の最後まで普段通りの表情を通した。

なぜ、妻はあのような「あっぱれな最期」を遂げることができたのか。残された私にとって大きな謎だった。そして、私なりに、妻の考え方、妻の死生観を考えた。そして、妻はきっと漱石《そうせき》の句にある「菫《すみれ》ほどな小さき人」として生きたのだろう、だからさまざまなことに動じることなく死んでいけたのだろうと気づいた。このことについては、『凡人のためのあっぱれな最期』(幻冬舎新書)に詳しく書いた。

妻の死以来、私の想念は死から離れない。妻亡き後、私はどう生きればよいのか。どう死んでいくのか。

私は妻のように「菫ほどな小さき人」になることを考えてみた。だが、これはなかなかできない。

妻は農家の出身であり、野原の中で育った。菫のような小さな存在として生きることになじんでいた。妻のような考えによって泰然と死を迎えられる人間もいるだろう。拙著は、多くの人に死について考えていただき、あっぱれな最期を迎えるヒントになるだろうと思う。しかし、どうも私には難しい。私は自分を菫のような小さな人とみなすには、自意識が強すぎる。自意識の強い私には、妻のような死は難しそうだ。

そうした中で考えついた。サメテガルは私が「あっぱれな最期」を遂げるヒントになるかもしれない――と。

サメテガルはあらゆる二項対立を無効にする。先ほど挙げた通り、まさにサメテガルは、精神と肉体、人と神、男と女、人と自然、人と動物、主体と客体、我と他者、有と無、善と悪、イエスとノーなどの対立を、「どちらも大した違いはない」とみなす。

ならば、生と死さえも「同等」とする考えにも至れるのではないか。生と死は対立していない、そのような境地であれば私にも達することができるのではないか。

一般的には生と死は対立するものとしてとらえられている。そして多くの人は「死は生の終焉」と認識している。輝きに満ちた生は、死という悲劇によって断ち切られ、肉体は灰になってしまう。そのようにとらえられている。

だが、考えてみると、本当に生と死は対立しているのか。もしかすると、この二つは同じことではないのか。サメテガルに基づいて考えると、もしかすると、これを「どちらでもいい」「同じことだ」とみなすことができるのではないか。

生と死は対《つい》になっている。生なしには死はなく、死なしには生はない。生と死を別のものとして考えるから、人々は死を恐れる。だが、生死は対になった同じものだ。「死」というものが存在するわけではない。「死」は「生」の終わりの呼び名にすぎない。「誕生」から「死」までを「生」と呼ぶ。だとすると、死も生の一部ではないのか。いや、むしろ死は生を成り立たせるものではないのか。生と死は決して対立しているわけではない。

だったら、どうだっていいではないか。生も死もたいして差はない。どちらでもいい。私が死んだからといって、何かが変わるわけではない。私がいてもいなくても大差がない。嘆き悲しんでくれる人もいるだろうが、それも大したことではない。


私はまだ「サメテガル」と思えない領域をたくさん持っている。執着しているものがたくさんある。愛する者たちに対して、「どっちでもいい」とはなかなか思えない。愛するものを失いたくないと強く望む。

だが、これからもっと老いていく過程において、もっともっと「どっちでもいい」と思える部分が増えていくのではないか。そして、徐々に生と死もどちらでもいい、生も死も同じだと思えるときが来るのではないか。

私が死を前にして、そのような境地に達することができるかどうか分からない。だが、これこそがサメテガルの最終的な境地だ。自分を菫とみなすことのできない私も、もしかしたら、サメテガルの境地には立てるかもしれない。

私はそのような思いを持って、近づいてくる死に臨みたいと考えている。

おわりに　「サメテガルな年配者を歓迎する社会」であってほしい

年配者を対象に、年配者のあるべき生き方として「サメテガル」を示してきた。だが、年配者が生きやすい社会というのは、実は「年配者以外」にも生きやすい社会なのではないか。

これまで日本は成長を目指してきた。高度成長やバブルを体験し、「成長するのがいいことだ」という価値観の中で生きてきた。そして、そうした考え方を支えたのが、白黒をつけて論理的、効率的に行動し、将来のために投資する思想だった。

だが、それは人間を抑圧する価値観でもあった。多くの人が競争社会の中で心を病み、ストレスに苦しみ、社会から脱落した。現在の年配者の多くは、そのような成長の中で壮年期を送り、そうした社会に慣れ、生き抜いてきた人たちだった。

いま、年配者は第一線から退いて、そのような価値観から逃れることができた。ようやく自由で、しなやかな価値観を持てるようになっている。「サメテガル」と口にして、そのような抑圧から逃れることができる。まだ、年配者の中にもかつての癖が抜けず、相変わらず競争意欲を持ち、効率を重視し、拡大していこうと考える人もいるが、そうしなくてもいい状況になっている。

時代も変化した。日本は少子高齢社会となり、人口減少社会だ。もはや高度成長は望めない。むしろ低成長社会を目指し、堅実で地に足をつけた生活を求める人が増えている。あくせくしたくない、努力しなくていい、ほどほどでいい、ブランド品で身を固めて高級車を乗り回すのに憧れるなんて、ばからしいと思う人が増えている。

多様性の時代。さまざまな価値観が認められ、一律の規定が意味を持たなくなっている。男女が家庭を築き、子どもを持ち、定職につき、上司に指示を仰ぎ、定年まで勤めあげるという価値観は過去のものとなりつつある。

いまでは現役世代の人も「サメテガル」と口にして、従来の価値観から距離を置き、「どっちでもいい」「どれでもいい」と考えることは、しなやかな生き方ではないのか。

私は社会全体が「サメテガル」になることには懸念がある。やはり産業の発展は必要だし、勤労精神も大事だ。懸命に働いて自分の成長を目指す人がいてほしい。何もかもに「サメテガル」とつぶやいていたのでは、産業が成り立たなくなる。

社会には大きな規律が必要であり、努力が必要であり、ある程度の監視も必要だろう。

それでもサメテガルの考え方を許容し、年配者だけでなく若者の中にも、そのように考える人がいることを認める社会であってほしいと願う。生産性がないからといってのけ者にしたり、差別しない社会だ。そうなってこそ、年配者とそうでない人が共存でき、多様な価値観を認め合うことができ、多くの人が抑圧されずに生きていけるだろう。

樋口裕一［ひぐち・ゆういち］

1951年、大分県生まれ。早稲田大学第一文学部卒業後、立教大学大学院博士後期課程満期退学。フランス文学、アフリカ文学の翻訳家として活動するかたわら、大手予備校で小論文を指導。「小論文の神様」と呼ばれた。現在は多摩大学名誉教授。通信添削による作文・小論文の専門塾「白藍塾」塾長。250万部のベストセラーとなった『頭がいい人、悪い人の話し方』（PHP新書）のほか、『「頭がいい」の正体は読解力』『凡人のためのあっぱれな最期』（ともに幻冬舎新書）など著書多数。

70すぎたら「サメテガル」
「老害」にならない魔法の言葉

二〇二五年 四月六日 初版第一刷発行

著者 樋口裕一
発行人 鈴木亮介
発行所 株式会社小学館
〒一〇一－八〇〇一 東京都千代田区一ツ橋二ノ三ノ一
電話 編集：〇三－三二三〇－五九八二
販売：〇三－五二八一－三五五五

印刷・製本 中央精版印刷株式会社

Printed in Japan ISBN978-4-09-825491-0

本書はアクセシビリティに配慮した本です

視覚障害・肢体不自由などの理由で必要とされる方に、
『70すぎたら「サメテガル」』
のテキストデータを提供いたします。
右の二次元コードよりお申し込みのうえ、
テキストをダウンロードしてください。
〈小学館「新書・書籍編集室」〉